Heinemann A Level French
Grammar Pratique

Complete month-by-month revision programme
for AS and A2

FOR REFERENCE ONLY

Servane Jacob and Janine Schofield

www.heinemann.co.uk

✓ Free online support
✓ Useful weblinks
✓ 24 hour online ordering

01865 888080

Selby College LRC

T86325

Heinemann

Heinemann is an imprint of Pearson Education Limited, a company incorporated in England and Wales, having its registered office at Edinburgh Gate, Harlow, Essex, CM20 2JE. Registered company number: 872828

www.heinemann.co.uk

Heinemann is a registered trademark of Pearson Education Limited

Text © Pearson Education Limited 2008

First published 2008

18
14

British Library Cataloguing in Publication Data is available from the British Library on request.

ISBN 978 0 435396 50 3

All rights reserved. No part of this publication may be reproduced in any form or by any means (including photocopying or storing it in any medium by electronic means and whether or not transiently or incidentally to some other use of this publication) without the written permission of the copyright owner, except in accordance with the provisions of the Copyright, Designs and Patents Act 1988 or under the term of a licence issued by the Copyright Licensing Agency, Saffron House, 6–10 Kirby Street, London EC1N 8TS (www.cla.co.uk). Applications for the copyright owner's written permission should be addressed to the publisher.

Produced by Tek-Art
Cover design by Jonathan Williams
Cover photo: Gavin Hellier/Robert Harding
Cover illustration: David Tazzyman/Private View
Printed in China (CTPS/14)

Acknowledgements:
Servane Jacob would like to thank Véronique Jund, Jackie Coe, Katie Lewis and María José Luque

Contents

	Page
1. Masculine, feminine, singular, plural	4
2. Adjectives	6
3. The present tense	8
4. The present tense of irregular verbs	10
5. When to use the infinitive	12
6. Indefinite and partitive articles	14
7. Interrogative forms	16
8. Prepositions	18
9. The perfect tense with *avoir*	20
10. The perfect tense with *être*	23
11. Possessive and demonstrative adjectives	26
12. Reflexive verbs	28
13. The near future	30
14. Relative and indefinite pronouns	32
15. Negatives	34
16. Direct and indirect object pronouns	37
17. The future tense	40
18. The imperfect tense	42
19. Emphatic pronouns	44
20. Adverbs	46
21. The comparative and superlative	49
22. The perfect and the imperfect	52
23. The future – irregular verbs	54
24. The present participle	56
25. Using *y* and *en*	58
26. The imperative	60
27. The conditional	62
28. Using and avoiding the passive voice	64
29. The pluperfect tense	66
30. The perfect infinitive	68
31. The present subjunctive	70

	Page
32. Indirect speech	72
33. Impersonal verbs	74
34. The past historic	76
Revision 1–7	78
Revision 8–14	79
Revision 15, 18–22	80
Revision 15–17, 22–24, 27	81
35. Possessive pronouns	82
36. Demonstrative pronouns	84
37. Relative pronouns	86
38. Interrogative pronouns	88
39. The future perfect	90
40. Inversion	92
41. The conditional perfect	94
42. The passive voice in all tenses	96
43. The present and perfect subjunctive	98
44. Dependent infinitives	100
Revision 1–22	102
Revision 16, 24, 25	103
Revision 18, 26–28	104
Revision 9–12, 29, 32	105
Revision 9, 10, 31, 33, 34	106
Revision 9, 10, 30, 31	107
Revision 11, 35, 36	108
Revision 7, 37, 38	109
Revision 29, 32, 40, 42	110
Revision 17, 23, 27, 39, 41	111
Revision 31, 43	112
Revision 32, 44	113
Au pif (Mixed revision)	114
Verb tables	116

The numbers beside Revision show which grammar points are revised on that page.

I • Masculin, féminin, singulier, pluriel
(Masculine, feminine, singular, plural)

Le genre (Gender)

In French all nouns have a **gender**: they are either **masculine** or **feminine**. Learn the gender of the noun as you learn its spelling and its meaning, e.g. *le livre* = 'the book' but *la livre* = 'the pound'.

Sometimes the meaning or the ending of the noun can help you guess its gender.

- The nouns for colours, days and languages, and nouns ending in *-isme, -ment, -phone, -age* (except *l'image, la plage, la page*), *-eau* (except *l'eau, la peau*) or a **consonant** are usually **masculine.**
- The nouns for fruit and school subjects, and nouns ending in *-ance, -anse, -ense, -ence, -tion, -sion, -ure, -té, -ée* (except *le lycée, le musée*), or **double consonant + -e** are usually **feminine**.

Nouns that refer to people usually have a masculine and a feminine form. The **feminine** form may:

- add *-e* to the masculine form, e.g. *le Français, la Française.*
- **double the consonant** and add *-e*, e.g. *l'informaticien, l'informaticienne.*
- have a different ending to the masculine, *-eur/-euse, -teur/-trice, -er/-ère*, e.g. *le chanteur, la chanteuse.*
- be the same as the masculine, e.g. *le/la réceptionniste, un/une enfant.*
- remain masculine for women as well as men, e.g. *un médecin.*
- be completely different to the masculine, e.g. *l'homme, la femme.*

Nouns are either singular or plural. To make them **plural**:

- add *-s* to the singular form, e.g. *le problème* → *les problèmes.*
- add *-x* to nouns ending in *-eau, -au* or *-eu* (except *pneus*) and seven words ending in *-ou* (*bijoux, cailloux, choux, genoux, hiboux, joujoux, poux*), e.g. *un cheveu* → *les cheveux.*
- change ending *-al* → *-aux* (except *bals, carnavals, festivals*), e.g. *le journal* → *les journaux.*
- for some nouns ending in *-ail* change the ending to *-aux*, e.g. *le travail* → *travaux.*

Nouns ending in *-s, -x* or *-z* do not change in the plural, e.g. *les gaz.*

Some nouns change completely in the plural, e.g. *l'œil* → *les yeux.*

Check the plural of compound nouns in a dictionary, e.g. *les après-midi, les grands-pères.*

L'article défini (The definite article)

The definite article, 'the', agrees **in gender** (masculine or feminine) and **in number** (singular or plural) with the noun it goes with.

	masculine	feminine	noun starting with a vowel or silent *h*
singular	le	la	l'
plural	les		

The definite article is **often used in French where it is omitted in English:**

- to refer to parts of the body, e.g. *Il s'est coupé le doigt* (He cut his finger).
- before countries, e.g. *le Canada.*
- with abstract nouns, e.g. *l'amour.*
- in general statements, truths, e.g. *L'argent ne fait pas le bonheur.* (Money does not bring happiness.)

1 Look at the endings of the nouns. Write M (for masculine) or F (for feminine). Check in the dictionary if necessary.

1 santé ☐   6 idée ☐
2 ordinateur ☐   7 environnement ☐
3 indépendance ☐ 8 image ☐
4 racisme ☐   9 aventure ☐
5 téléphone ☐   10 lycée ☐

2 Write the appropriate definite article: *le, la* or *l'*.

1 ___ communication   6 ___ soirée
2 ___ bleu   7 ___ musée
3 ___ liberté   8 ___ informatique
4 ___ égoïsme   9 ___ page
5 ___ mariage   10 ___ tableau

3 Write the feminine forms of the nouns.

1 le lycéen _____
2 l'ami _____
3 le vendeur _____
4 le collégien _____
5 l'infirmier _____
6 le directeur _____
7 l'Allemand _____
8 le musicien _____
9 l'employé _____
10 le champion _____

4a Circle the odd one out and explain your choice.

(avion) préoccupation émission   masculine

1 cadeau peau château _____
2 plage maquillage mariage _____
3 science silence expérience _____
4 fac bac tabac _____
5 couleur bonheur peur _____

4b Look up in a dictionary whether the words are masculine (M) or feminine (F).

6 l'amour ☐
7 l'Internet ☐
8 l'atmosphère ☐
9 l'argent ☐
10 l'école ☐

5 Find ten pairs of nouns.

	masculine nouns	feminine nouns
	le frère	la sœur
1		
2		
3		
4		
5		
6		
7		
8		
9		
10		

la cousine   le frère   l'homme   la sœur

le garçon   le mari   madame   la femme

la femme   l'époux   monsieur   la fille

l'oncle   la tante   la copine   le fils   l'épouse

le jumeau   le copain   la fille

la jumelle   le cousin

6 Write the plural forms of the nouns.

1 la photo _____
2 le jeu _____
3 le blog _____
4 le prix _____
5 le journal _____
6 le détail _____
7 le bureau _____
8 le pays _____
9 le nez _____
10 l'e-mail _____

7 Write the singular masculine and/or feminine forms of the nouns. Translate them.

1 les journalistes   6 les temps
2 les gaz   7 les travaux
3 les avis   8 les cieux
4 les priorités   9 les modes
5 les choix   10 les succès

2 • Les adjectifs
(Adjectives)

Adjectives **agree** in **gender** and in **number** with the noun they describe.

The dictionary gives the masculine form of an adjective. For regular adjectives, add **-e** to make it **feminine** and add **-s** to make it **plural**.

masculine singular	feminine singular	masculine plural	feminine plural
parfait	parfait**e**	parfait**s**	parfait**es**
branché	branché**e**	branché**s**	branché**es**

Adjectives ending in **-e** don't add another, e.g. *facile*.

Some adjectives **change the spelling** as well as adding **-e**. To make an adjective **feminine** …

if the adjective ends in …	then change to …	Examples
-et*	-ète	inquiète
-er	-ère	chère
-eur	-euse	menteuse
-x	-se	jalouse
-f	-ve	neuve
-c	-che/-que	franche, turque
-eil, -el, -an, -en, -on, -et*, -ot, -as	*double consonant* + e	cruelle

*Note that -et changes in two different ways.

Exceptions: *favori* ➜ *favorite, long* ➜ *longue, frais* ➜ *fraîche, doux* ➜ *douce, roux* ➜ *rousse, gros* ➜ *grosse, épais* ➜ *épaisse, meilleur* ➜ *meilleure, gentil* ➜ *gentille*.

Adjectives that end in **-s** or **-x** don't change in the **masculine plural**, e.g *heureux*.

Some **masculine** adjectives change in the plural: **-al** ➜ **-aux**, e.g. *royal* ➜ *roy**aux*** (except *fatals, banals, finals, navals*).

When plural adjectives describe nouns of different genders, use the masculine plural form, e.g. *Paul et Sophie sont gentils.*

Some adjectives **don't change** in the feminine or plural:

shortened words	une copine sympa
foreign words	des copains cool
words derived from nouns	une casquette marron
compound colour adjectives	des yeux bleu clair

Some adjectives have **irregular** singular and plural forms:

masculine singular	masculine singular before vowel or silent *h*	feminine singular	masculine plural	feminine plural
beau	bel	belle	beaux	belles
nouveau	nouvel	nouvelle	nouveaux	nouvelles
vieux	vieil	vieille	vieux	vieilles

Adjectives generally **go after the noun** which they describe, e.g. *un livre* ***intéressant***.

- Some common adjectives **precede nouns**, including: *petit, grand, court, long, jeune, vieux, bon, mauvais, joli, beau, vilain, meilleur, pire, gros, excellent, autre,* e.g. *une* ***bonne*** *idée*.
- Some have different meanings in different positions: *ancien, certain, cher, dernier, grand, même, nouveau, pauvre, prochain, propre, pur, seul, simple, vrai,* e.g. *le jour* ***même*** *(on the day itself), le* ***même*** *jour (the same day).*

1 Circle the correct forms of the adjectives.

1 Marc est égoïste / égoïstes, il a mangé le dernier / dernière biscuit!

2 Nadia est gourmand / gourmande, elle adore les croissants frais / fraîches!

3 Nathalie a écrit un petit / petits article pour le journal local / locale.

4 Fabrice et Jemila rêvent d'une vie familiale / familials sans problèmes, ils veulent être indépendant / indépendants!

5 Damien a un look particulier / particulière, il a les cheveux bleus / bleues!

2a Circle five adjectives which could be either masculine or feminine.

marron   riche   difficile   publique
positive   personnelle   fatiguée
complète   optimiste   fantastique

2b Circle five adjectives which could be either singular or plural.

nouveaux   gris   heureux   bleus   vrais
gros   épais   compliqués   beaux   faux

3 Underline the adjectives. Write phrases with the feminine forms of the adjectives.

un film intéressant
une question intéressante

1 Samir est ambitieux   6 un vieux tee-shirt
2 il est végétarien   7 mon sport préféré
3 Alex est très sportif   8 un long voyage
4 le week-end prochain   9 mon meilleur copain
5 le mois dernier   10 un petit chien blanc

4 Translate into French.

1 the easy exercises
2 the old light blue trainers
3 the favorite songs
4 the good results
5 the wrong answers
6 the entire days
7 the complicated relationships
8 the important news
9 the foreign languages
10 the happy people

5a Fill in the gaps with the correct forms of the adjectives in brackets.

Marie est très (1) _____ (content). Elle a acheté un (2) _____ (nouveau) ordinateur pour faire son travail (3) _____ (scolaire). Elle a hésité entre les (4) _____ (différent) marques (5) _____ (disponible) dans le magasin et finalement elle a choisi un ordinateur (6) _____ (portable) très (7) _____ (performant), le (8) _____ (nouveau) Mac qui est sorti le mois (9) _____ (dernier). Elle a fait une (10) _____ (bon) affaire!

5b Fill in the gaps with the correct forms of adjectives from the box.

C'est un (1) _____ ordi qui est très (2) _____ parce qu'il n'est pas très (3) _____, et en plus il n'est pas trop (4) _____. Il a une webcam et des haut-parleurs (5) _____, par contre il n'a pas d'écran (6) _____. En plus, elle a eu deux logiciels (7) _____ et trois jeux (8) _____. Marie est (9) _____ parce qu'elle a payé avec son (10) _____ argent.

intégré   fier   pratique   cher   petit   sympa
panoramique   lourd   gratuit   propre

6 Translate into French. Use the adjectives from the box in their correct forms.

Dear Natacha,

Last weekend I went to the cinema with my best friend Martin. I saw a fantastic Spanish film. The main actor was very tall, very handsome and very funny. He is poor and in love with a wonderful girl, but her mother and father are rich, powerful and very nasty. It's a long film but it's very amusing. Next week I'd like to see another film with you. Are you free on Saturday?

Nadia

méchant   riche   amusant   libre   dernier
cher   meilleur   fantastique   merveilleux   long
amoureux   pauvre   grand   prochain   puissant
principal   beau   autre   drôle   espagnol

3 • Le présent
(The present tense)

There is only one form of the present tense in French, e.g. *Je joue au tennis*, whereas there are three in English …

A to express a repeated action, a habit or a general truth (I play).

B to express an action taking place at the time of speaking or in the immediate future (I am playing).

C to express a contrast, an emphasis or a negative (I do/don't play tennis).

Also use the present tense in French …

D to tell a story that happened in the past, to make it more lively.

E with expressions of time such as *depuis*, *ça fait* to express 'has/have been (doing)'.

F with *si* to express a hypothesis or a condition.

There are three groups of regular verbs in French: **-er**, **-ir** and **-re** verbs. To form their present tense, remove the ending from the infinitive and add the appropriate endings to the stem.

pronoun	*-er* verbs	*-ir* verbs	*-re* verbs
	cliquer	choisir	correspondre
je	clique	choisis	corresponds
tu	cliques	choisis	corresponds
il/elle/on	clique	choisit	correspond
nous	cliquons	choisissons	correspondons
vous	cliquez	choisissez	correspondez
ils/elles	cliquent	choisissent	correspondent

Remember to use the *tu*-form only to address one friend, relation, child or animal. For the plural and to address one older person you don't know well, use the *vous*-form.

Use o*n* with the *il*-form for English 'one' ('they', 'you'), when it's not important or not known specifically who you're referring to. *On* with the *il*-form can also mean 'we', when it's clear who 'we' are.

Some regular verbs have **stem spelling changes** for *je, tu, il, ils,* i.e. before a silent syllable:

- Verbs in **-eler** and **-eter double the consonant,** e.g. *appeler (j'appelle, nous appelons)*, *jeter (je jette, nous jetons)*, except *acheter*.
- Some stems with **e** change to **è**, e.g. *acheter (j'achète, nous achetons)*, *lever, mener*.
- Verbs in **-ayer**, **-oyer**, **-uyer** change **-y** to **-i**, e.g. *nettoyer (je nettoie, nous nettoyons)*.
- Stems with **é** change to **è,** e.g. *espérer (j'espère, nous espérons)*, *préférer, révéler*.

Note the **nous-forms** of verbs ending in **-cer** ➤ -*çons*, and in **-ger** ➤ -*geons*, e.g. *nous commençons, nous téléchargeons*.

Box A for exercise 5a, in order of appearance

> 1 demander 2 aimer 3 jouer 4 jouer
> 5 jouer 6 préférer 7 chanter 8 répéter
> 9 réunir 10 retrouver

Box B for exercise 5b, in random order

> imaginer débrouiller décider travailler
> discuter réfléchir finir chercher
> attendre accorder

1 Translate the sentences and match them to points A–F in the grammar box.

1 Je regarde la télé tous les soirs.
2 Je te <u>rappelle</u> dans cinq minutes!
3 Si tu <u>paniques</u> pour l'exam de français de demain, appelle-moi!
4 Je <u>joue</u> de la guitare dans un groupe depuis deux ans.
5 Alors j'<u>arrive</u> chez lui, je <u>sonne</u> à la porte, personne! J'<u>attends</u>, je <u>resonne</u>, personne! Alors je <u>m'énerve</u> … et je <u>réalise</u> que c'est la mauvaise adresse!
6 Ils <u>organisent</u> un concert ce week-end, tu veux y aller?
7 Saïd <u>passe</u> des heures devant l'ordinateur tous les soirs.
8 Benjamin ne <u>pense</u> vraiment pas qu'il va réussir son examen.
9 Quand le chat n'est pas là, les souris <u>dansent</u>!
10 Ça fait des heures que je l'<u>attends</u>!

2 Write the missing verbs in the present tense, with their pronouns.

il joue – nous jouons – **vous jouez** – elles jouent

1 tu portes, il porte, _____, vous portez
2 _____, tu descends, il descend, nous descendons
3 _____, tu réussis, il réussit, nous réussissons
4 on regarde, nous regardons, vous regardez, _____
5 on saisit, nous saisissons, _____, ils saisissent
6 elle tend, _____, vous tendez, elles tendent
7 je travaille, tu travailles _____, nous travaillons
8 _____, tu rends, il rend, nous rendons
9 je réunis, _____, elle réunit, nous réunissons
10 j'aime, _____, elle aime, nous aimons

3 Write the correct present tense forms of the verbs in brackets.

1 je _____ (partager)
2 mon meilleur ami _____ (répondre)
3 nous _____ (manger)
4 ils _____ (défendre)
5 tu _____ (appeler)
6 Hugo et Marianne _____ (réagir)
7 vous _____ (punir)
8 je _____ (écouter)
9 tu _____ (interrompre)
10 les enfants _____ (obéir)

4 Fill in the present tense of the verbs in brackets.

1 (télécharger) Nous _____ de la musique au lieu d'acheter des CD.
2 (espérer) Ils _____ obtenir des tickets pour le concert de MC Solaar.
3 (projeter) Marc _____ d'aller a l'université l'année prochaine.
4 (nettoyer, balayer) Mon frère _____ la table et moi je _____ la cuisine.
5 (répéter) Vous _____ avec votre groupe pour votre prochain concert.
6 (vouvoyer) C'est bizarre, elle _____ sa grand-mère!
7 (rappeler) Élise _____ Anne qui lui a laissé un message sur son répondeur.
8 (payer) Mes parents _____ mes vêtements et mes fournitures scolaires.
9 (partager) Moi et ma sœur nous _____ une chambre depuis cinq ans.
10 (amener) Je n' _____ jamais mon téléphone portable au lycée.

5a Write the missing words. Use the present tense of the verbs in Box A on p. 8, in order. Translate the email into English.

Salut Margot!
Dans ton dernier email tu me (1) si j' (2) la musique. Et bien, ça fait un an que je (3) dans un groupe. Julien (4) de la batterie, Samuel et moi nous (5) de la guitare, Gaël (6) le clavier, et Émilie et Nadia (7). Nous (8) dans le garage de Julien. En général nous nous (9) le samedi après-midi. On se (10) vers deux heures.

5b Write the missing words. Use the present tense of verbs chosen from Box B on p. 8. Translate the email into English.

En général, les filles (11) pendant que nous (12) les instruments. On (13) vers six heures. En ce moment nous (14) sur plusieurs chansons. On (15) ensemble des thèmes; ensuite les filles (16) aux paroles et nous, nous (17) la musique. Si on se (18) bien, on va participer à un festival le mois prochain. Tu (19) bien qu'on (20) ça avec impatience!
Aurélien

4 • Le présent des verbes irréguliers
(The present tense of irregular verbs)

Many common verbs are irregular.

Some irregular verbs can be grouped, which can make them easier to learn. For example:

- verbs with these **endings: -s, -s, -t, -ons, -ez,** e.g. *partir, voir, croire, craindre, plaire, écrire, lire, rire.*
- **-re** verbs with a **stem change**, e.g. *prendre, mettre.*
- **-ir** verbs with **-er** verb endings, e.g. *ouvrir, offrir.*

Some, including *avoir, être, aller* et *faire,* have completely unpredictable endings.

Look at the verb tables on pp. 116–120 and learn them by heart.

Remember that learning one verb can also give you the pattern for several other verbs based on it, e.g. *venir* gives you the pattern for *convenir, devenir, revenir* and *se souvenir.*

1 Fill in the gaps with the correct forms of *être* or *avoir*.

1 Nous _____ très contents de notre match.
2 Tu _____ souvent fatigué après ton entraînement de judo.
3 Je _____ de mauvaise humeur.
4 Tu _____ toujours faim, c'est incroyable!
5 Cyril _____ mal au cœur quand il voyage en bus.
6 Vous _____ raison.
7 Simon n'_____ pas d'accord avec moi.
8 Les français n'_____ pas le droit de boire d'alcool avant 18 ans.
9 Elles _____ contre la légalisation des drogues douces.
10 J'en _____ marre!

2 Write the infinitives of the following verbs.

1 je vais, vous allez, ils vont _____
2 on est, nous sommes, vous êtes _____
3 tu prends, vous prenez, ils prennent _____
4 elle peut, nous pouvons, elles peuvent _____
5 nous faisons, vous faites, ils font _____
6 je veux, on veut, vous voulez _____
7 je viens, tu viens, nous venons _____
8 tu sais, elle sait, ils savent _____
9 on doit, nous devons, vous devez _____
10 je suis, tu suis, ils suivent _____

3 Fill in the gaps with the 10 correct verbs from the box.

1 Je _____ vingt minutes tous les matins.
2 Ma copine Sarah _____ un régime spécial car elle est diabétique.
3 Je ne _____ jamais de café.
4 Vous vous _____ que vous prenez du poids, mais vous grignotez toute la journée!
5 Ma sœur _____ au moins huit heures par nuit, sinon elle est de mauvaise humeur.
6 Elles _____ tout ce qu'ils _____ dans les magazines!
7 Ton comportement _____ beaucoup à tes parents.
8 Nous _____ beaucoup quand on va au restaurant tous ensemble.
9 Nathalie et Sébastien _____ une vie plutôt équilibrée.

cours	vivent	bois	plaignez	croient
suit	déplaît	dort	écrivent	rions

4a Fill in the gaps with the correct forms of the verbs in brackets.

Je (1) _____ (faire) du karaté tous les jeudis soirs. Grâce au karaté, j'(2) _____ (acquérir) confiance en moi et je me (3) _____ (maintenir) en forme. Ça fait cinq ans que nous en (4) _____ (faire) avec mon frère. Mon frère et moi (5) _____ (souffrir) parfois après un entraînement intensif, mais personne ne se (6) _____ (plaindre). Mes parents (7) _____ (craindre) que je me blesse. Quand je (8) _____ (combattre), je (9) _____ (prendre) quelques risques, mais je ne me (10) _____ (mettre) jamais en danger.

4b Fill in the gaps with the correct forms of the verbs in brackets.

J' (1) _____ (avoir) un excellent professeur. Il me (2) _____ (connaître) bien. Quand il s'(3) _____ (apercevoir) que je ne (4) _____ (être) pas sûr de moi, il me (5) _____ (convaincre) que je (6) _____ (pouvoir) réussir si je le (7) _____ (vouloir) vraiment. Souvent je me (8) _____ (surprendre) moi-même! Si j'(9) _____ (obtenir) ma ceinture noire, je (10) _____ (aller) participer au championnat de France.

5 Rewrite the sentences in the present tense starting with *Je*.

1 Tu es en forme.
Je _____

2 On a envie de faire du yoga.
Je _____

3 Nous devons acheter des fruits et des légumes.
Je _____

4 Vous voulez changer de look.
Je _____

5 Ils viennent dîner chez toi ce soir.
Je _____

6 Nous conduisons depuis deux mois.
Je _____

7 Tu mets trop de sucre dans mon thé.
Je _____

8 Elle prend une douche.
Je _____

9 Vous recevez des conseils de mes amis.
Je _____

10 Nous n'allons plus à la piscine.
Je _____

6 Translate into French.

1 You (*tu*) don't sleep enough.
_____
_____

2 We do sport regularly.
_____
_____

3 You (*pl.*) smile all the time.
_____
_____

4 My neighbours are building a swimming pool.
_____
_____

5 We go to the restaurant once a week.
_____
_____

6 My parents are taking golf lessons.
_____
_____

7 You (*tu, m.*) are sporty.
_____
_____

8 We're going to the market to buy vegetables.
_____
_____

9 I go on holiday tomorrow.
_____
_____

10 My grandmother is picking apples in her garden.
_____
_____

5 • Quand utiliser l'infinitif
(When to use the infinitive)

AS September

Some groups of **verbs** can be **followed directly by an infinitive**, with no preposition linking the two verbs. These include:

- some **modal verbs**, or verbs expressing possibility, necessity, ability (*pouvoir, devoir, falloir, savoir, oser …*) e.g. *Ma petite sœur* <u>*sait*</u> ***nager***.
- some **verbs expressing liking, inclination or intention** (*aimer, adorer, détester, préférer, vouloir, penser, espérer, compter, …*) e.g. *Il* <u>*veut*</u> ***participer*** *à des tournois de tennis*.

For further groups in this category see section 44 on p. 100.

The following **verbs** are followed by an **infinitive with *à* or *de*** linking the two verbs. Note that in some cases the English equivalent is followed by the '-ing' form, not an infinitive (e.g. to suggest learning). Learn the list by heart.

Verbs with *à*	Verbs with *de*	
aider à *(to help to)*	accepter de *(to agree to)*	empêcher de *(to prevent from)*
s'amuser à *(to have fun)*	accuser de *(to accuse of)*	essayer de *(to try to)*
apprendre à *(to learn to)*	s'agir de *(to be a question of)*	finir de *(to finish)*
arriver à *(to manage to)*	(s')arrêter de *(to stop)*	interdire de *(to forbid to)*
s'attendre à *(to expect to)*	avoir besoin de *(to need to)*	manquer de *(to very nearly)*
avoir du mal à *(to find it hard to)*	avoir envie de *(to want to)*	menacer de *(to threaten to)*
avoir tendance à *(to tend to)*	avoir l'intention de *(to mean to)*	mériter de *(to deserve to)*
chercher à *(to attempt to)*	en avoir marre de *(to be sick of)*	oublier de *(to forget to)*
commencer à *(to start to)*	avoir peur de *(to be afraid of)*	permettre de *(to allow to)*
continuer à *(to continue to)*	avoir raison *(to be right to)*	promettre de *(to promise to)*
se décider à *(to decide on)*	avoir tort de *(to be wrong to)*	proposer de *(to suggest)*
encourager à *(to encourage to)*	choisir de *(to choose to)*	refuser de *(to refuse to)*
forcer à *(to force to)*	conseiller de *(to advise to)*	regretter de *(to regret)*
s'habituer à *(to get used to)*	décider de *(to decide to)*	rêver de *(to dream of)*
hésiter à *(to hesitate to)*	défendre de *(to forbid to)*	se souvenir de *(to remember to)*
inviter à *(to invite to)*	demander de *(to ask to)*	suggérer de *(to suggest)*
se mettre à *(to begin to)*	se dépêcher de *(to hurry to)*	terminer de *(to stop)*
obliger à *(to require to)*	s'efforcer de *(to do your best to)*	
penser à *(to think of)*		
renoncer à *(to give up)*		
réussir à *(to succeed in)*		
servir à *(to be useful for)*		
tenir à *(to be anxious to)*		

The construction ***venir de* + infinitive** is used to express events that have happened very recently, e.g. *Elle* <u>*vient de*</u> ***faire*** *du trampoline*. (She has just done some trampolining/She has just been trampolining.) Check the present tense of *venir* in the verb tables (p. 120).

The construction ***être en train de* + infinitive** is used to express an action in process, e.g. *Je suis* <u>*en train de*</u> ***faire*** *du yoga*. (I'm doing yoga./I'm in the middle of doing yoga.)

Some other **prepositions** can be followed by the infinitive: *pour, afin de, avant de, au lieu de, sans, par (commencer par/finir par)*. **Exception:** the preposition *en* is followed by a present participle (see section 24 on p. 56).

1 Underline the infinitives. If there is a preposition before the infinitive, circle it.

1 Ma petite amie voudrait dîner avec moi.
2 Je promets d'arrêter l'alcool le week-end!
3 Vous apprenez à faire de la voile?
4 Ma sœur rêve d'avoir une taille de mannequin.
5 Je fais du tai chi pour me relaxer.
6 Tu te décides à venir avec moi?
7 Le docteur m'encourage à faire un régime.
8 Elle compte commencer à faire de l'équitation.
9 Mes copains boivent avant de sortir en boîte.
10 Trop de caféine empêche de dormir la nuit.

2 Add the correct prepositions or put a cross if there shouldn't be one.

1 Son copain lui a proposé _____ fumer une cigarette.
2 Mais il s'est arrêté _____ fumer le mois dernier.
3 Mon pote doit _____ faire une cure de désintoxication.
4 Il veut _____ manger le goûter.
5 Il va finir _____ devenir obèse.
6 Nous devrions _____ faire plus d'exercice!
7 Il boit _____ compter et c'est malsain.
8 Je vais me mettre _____ manger cinq portions de fruits et légumes par jour.
9 Nous espérons _____ perdre du poids.
10 Mon père a renoncé _____ boire de la caféine.

3 Rewrite the sentences using *venir de*.

J'ai mangé du chocolat.
Je viens de manger du chocolat.

1 Ma mère a perdu cinq kilos.
2 Je suis allé à la salle de sport.
3 Il a fait des abdos ce matin.
4 Mes copines ont participé à une course.
5 Nous sommes rentrés du gymnase.
6 Vous avez terminé le programme.
7 J'ai pris de bonnes résolutions.
8 Tu as commencé à manger sainement.
9 Il a compris comment ça marche.
10 Mon beau-frère est revenu du match.

4 Fill in the gaps with the correct present tense forms of phrases from the box.

1 Elle _____ dîner.
2 Ma copine _____ perdre du poids.
3 Ils _____ sentir l'odeur de la cigarette!
4 Nous _____ acheter du café décaféiné.
5 Le yoga _____ être plus souple.
6 Nous _____ arriver il y a une minute.
7 Il _____ consommer moins de boissons gazeuses.
8 Elle _____ pour être en forme.
9 Vous _____ sans penser aux conséquences.
10 Après tout, tu _____ écouter les conseils du docteur?

préférer	boire	nager	venir de	falloir
permettre de		être en train de		finir par
		détester	s'efforcer de	

5 Translate into English.

1 Tu dois surveiller ton poids.
2 Je tiens à garder la forme.
3 Mon copain regrette d'avoir commencé à fumer.
4 Il encourage ses amis à courir un marathon.
5 Ils viennent de courir le marathon.
6 Ma mère s'habitue à être au régime.
7 Mon petit ami me menace de partir.
8 Il veut profiter de sa liberté.
9 Pouvons-nous compter sur toi?
10 Elle ne sait pas jongler.

6 Translate into French.

1 I am learning to play ice hockey.
2 My grandmother forgets to take her medication.
3 We are trying to eat more vegetables.
4 She is managing to lose weight.
5 He carries on smoking, without thinking of others.
6 You (*tu*) don't like making sacrifices.
7 He advises me to do more exercise.
8 He dreams of climbing Everest.
9 I must take more care.
10 My friend is starting to understand.

6 • Les articles indéfinis et les articles partitifs
(Indefinite and partitive articles)

L'article indéfini (The indefinite article)

un chou-fleur, *une* pomme, *des* carottes (a cauliflower, an apple, some carrots/carrots)

You must include a plural indefinite article in French, even where you wouldn't have 'some/any' in English.

After a **negative**, use *de*, e.g. *Je n'ai pas de banane. Je ne veux pas de fruits.* **Exception:** with *être*, e.g. *Ce n'est pas un enfant.*

Before a noun with an **adjective in front** of it, *des* becomes *de*, e.g. *Il y a de bons professeurs à notre collège.* **Exception:** where the noun and adjective form a single idea, e.g. *des petits pois.*

The indefinite article is **not** used in French when talking about someone's profession, religion, or political orientation, e.g. *Je suis professeur. Il est bouddhiste. Ils sont communistes.*

	masculine	feminine
a/one	un	une
some/any *or no translation*	des	

L'article partitif (The partitive article)

masculine	feminine	before a vowel or a silent h (m or f)	plural
du	de la	de l'	des
du pain	*de la confiture*	*de l'eau*	*des céréales*

The partitive article, 'some' or 'any', is used for unspecified quantities. It is often left out in English, e.g. *Je mange du fromage.* (I eat cheese.) *Je mange des cerises.* (I'm eating cherries.)

De is used …

- after a negative, e.g. *Je ne mange pas de fromage.*
- with expressions of quantity, e.g. *Je mange beaucoup de fromage.*
- before a plural noun preceded by an adjective, e.g. *J'ai de bons amis*, except where noun and adjective form a single idea, e.g. *des jeunes gens.*

Articles are almost **always** used in French, even when there would be **no article** in English (especially with plural nouns).

- Use the **partitive** article to give the idea of 'some', even when the word wouldn't be used in English, e.g. *Je mange des cerises.* (I'm eating (some) cherries.) *Je mange des cerises tous les matins.* (I eat cherries every morning.) *Mes parents ont de l'argent.* (My parents have money.)
- Use the **definite** article to talk about things in general, e.g. *J'adore les cerises.* (I love cherries.)

1 Circle the correct form of the indefinite article.

1 J'ai mangé un / une / des épinards.

2 J'ai acheté un / une / des banane.

3 Mon frère fait un / une / des courses.

4 J'aimerais avoir un / une / des cheval.

5 Mon amie a un / une / des chevaux.

6 Je prends un / une / des sucre.

7 Il cuisine un / une / des plats succulents!

8 Tu as un / une / des minute?

9 Il commande un / une / des dessert délicieux.

10 J'achète un / une / des pastèque.

2a Rewrite the sentences, including adjectives from the box. Make sure the adjective agrees in number and gender with the subject.

Martin et Vincent sont des amis.
Martin et Vincent sont <u>de bons</u> amis.

1   Marie est une fille.

2   Ils ont acheté un appartement.

3   J'ai reçu des nouvelles.

4   Il m'a fait des promesses.

5   Il va acheter une voiture.

nouveau   bon   gentil   vague   petit

2b Rewrite these negative sentences as positive ones.

Je n'ai pas de travail. J'ai un travail.

6   Jérôme n'a pas eu de place.

7   Ils ne regardent pas de film.

8   Vous n'achèterez pas de timbres.

9   Ma sœur ne mange pas de glace.

10 Je ne fais pas de régime!

3   Match the sentence halves. Underline the indefinite and partitive articles and write I or P to identify them.

1	Mon ami fait	A du caviar, c'est très chic!
2	Manger	
3	Mon frère ne prend jamais	B une pomme par jour.
4	Elle voudrait devenir	C de la course à pied tous les jours.
5	Mon petit frère ne fume plus	D de farine!
		E champion de karaté.
6	J'ai	F de légumes.
7	C'est sain de manger	G danseuse.
8	Ajoute 100 grammes	H de cannabis.
		I de l'eau.
9	J'aimerais	J un bon métabolisme.
10	Mon copain est	

4   Fill in the gaps with the correct partitive articles (*du, de la, de l', des, de*).

J'ai un mode de vie très sain: je bois (1) _____ jus d'orange frais tous les matins et mange (2) _____ légumes tous les jours. À midi, je mange normalement (3) _____ salade avec mon plat, et le soir, je mange quelque chose comme (4) _____ haricots ou (5) _____ petits pois. Je fais aussi (6) _____ exercice au moins trois fois par semaine. Évidemment, je ne prends jamais (7) _____ drogues et je ne fume pas (8) _____ cigarettes. Mon entraîneur me donne beaucoup (9) _____ bons conseils, comme par exemple boire (10) _____ eau très régulièrement.

5   Translate into French. Think carefully about the indefinite or partitive articles (or lack of them!).

1   I eat a lot of apples.

2   Do you want some coffee?

3   She's ordering a coffee.

4   I go horseriding three times a week.

5   My father is a doctor.

6   We don't have any bread.

7   There is enough water.

8   It is not a cucumber!

9   These are beautiful carrots!

10 He would like to become a lawyer.

6   Add the appropriate definite or partitive articles. (Be careful: you might not use one in English!)

Pour garder la forme, il est essentiel de faire quelques efforts … il faut manger (1) _____ légumes tous les jours et il faut boire (2) _____ eau régulièrement. Pour (3) _____ dîner, un repas léger est recommandé. (4) _____ exercice physique est évidemment très bon pour la santé. (5) _____ natation, par exemple, permet de se détendre et de se muscler. Dans l'idéal, il faudrait faire (6) _____ exercice tous les jours, après (7) _____ travail. Faire (8) _____ jogging dans son quartier est une solution économique, mais certains préfèrent aller à (9) _____ salle de sport. Dans tous les cas, il est certain que (10) _____ gens sains ont une espérance de vie plus longue!

7 • Les formes interrogatives
(Interrogative forms)

There are two types of question: **yes/no questions**, e.g. *Tu aimes le chocolat?*
and **open questions** (requiring some information) e.g. *Qu'est-ce que tu manges au goûter?*

There are four ways of asking a **yes/no question**:

1   Add **est-ce que** at the beginning of the sentence, e.g. **Est-ce que** *tu aimes le chocolat?*

2   **Invert** the verb and the subject, e.g. **Aimes-tu** *le chocolat?*

- With *il, elle* and *on*, if the verb ends in a vowel, you add **-t-** between the verb and the subject pronoun, e.g. *Aime-**t**-il le chocolat?*
- When the subject is a noun or a proper name, you add the appropriate pronoun for inversion with the verb, e.g. *Ta copine va en vacances.* → *Ta copine va-t-**elle** en vacances?*)

For more information on inversion, please refer to section 40, p. 92.

3   Raise your **intonation** at the end of the sentence.

4   Add **n'est-ce pas** at the end of the sentence, e.g. *Tu aimes le chocolat,* **n'est-ce pas?**

Open questions contain question words which can be interrogative adverbs, adjectives or pronouns. They are usually at the beginning, followed by *est-ce que* or an inversion, but can sometimes be added to the end of a sentence.

- interrogative adverbs, such as *quand, où, pourquoi, comment, combien*, e.g. *Quand arrives-tu? Quand est-ce que tu arrives? Tu arrives quand?*
- the interrogative adjective *quel*. *Quel* agrees with the noun it is linked to, e.g. *Quel examen est-ce que tu veux passer? Quelle profession veux-tu exercer? Quelles sont tes matières préférées?*
- the pronoun *lequel*, which replaces '*quel* + noun', e.g. **Quels livres** *as-tu lus?* → **Lesquels** *as-tu lus? Lequel* agrees with the noun it replaces and it contracts with the prepositions *à* and *de*.

	masculine singular	masculine plural	feminine singular	feminine plural
	lequel	lesquels	laquelle	lesquelles
with *à*	auquel	auxquels	à laquelle	auxquelles
with *de*	duquel	desquels	de laquelle	desquelles

- the interrogative pronouns *qui* or *que* (who, what). These change depending on whether they are the subject or the direct object of the sentence, and whether they refer to people or objects. For information about interrogative pronouns with prepositions, refer to section 38 on p. 88.

	subject	direct object
people	qui	qui
	qui est-ce qui	qui est-ce que
	Qui aime le chocolat?	*Qui as-tu rencontré?*
	Qui est-ce qui aime le chocolat?	*Qui est-ce que tu as rencontré?*
things	qu'est-ce qui	que
		qu'est-ce que
	Qu'est-ce qui est bon à manger?	*Qu'aimes-tu?*
		Qu'est-ce que tu aimes?

1 Rewrite the questions: if they use inversion, use *est-ce que*, and vice versa.

1 Aimes-tu le collège?
2 A-t-il des plans pour l'avenir?
3 Révisez-vous?
4 Ta sœur préfère-t-elle travailler en équipe?
5 Tes copains sont-ils au courant?
6 Est-ce que tu connais le conseiller d'orientation?
7 Est-ce qu'il va au cours de sciences?
8 Est-ce que ton amie est intelligente?
9 Est-ce que vous irez à la fac?
10 Est-ce que ton frère a rendez-vous avec elle?

2 Fill in the gaps with appropriate interrogative adverbs.

1 _____ de temps dure la licence?
2 Depuis _____ étudie-t-elle l'espagnol?
3 _____ envisages-tu ton avenir?
4 _____ d'années d'études faut-il faire?
5 _____ a-t-il passé le bac? L'année dernière?
6 _____ préférez-vous la chimie?
7 _____ aimerais-tu étudier? Au Royaume-Uni ou à l'étranger?
8 _____ ne veux-tu pas devenir avocat?
9 _____ est la salle de cours?
10 _____ fait-on pour devenir délégué de classe?

3 Write questions using *qui* and *que* to ask about the underlined elements.

Bastien passe son bac demain.
Qui passe son bac demain?

1 Tu as rencontré le prof de philo.
2 Fabrice a fait les devoirs.
3 Le lycée est assez moderne.
4 Tu ne comprends pas l'exercice.
5 Toute la classe a révisé pour l'examen de français.
6 Les notes sont très importantes.
7 Djamila parle au prof de bio.
8 Ta copine déteste l'économie.
9 Tu es faible en maths.
10 Vous allez faire les exercices.

4 Write questions using the correct form of *lequel* to ask about the underlined elements.

1 Quelles universités as-tu choisies?
2 Quel professeur aimes-tu le plus?
3 Quelle matière préfères-tu?
4 À quels cours t'es-tu inscrit?
5 De quel étudiant parlez-vous?
6 Quels livres faut-il avoir lu?
7 De quelles études s'agit-il?
8 À quel bureau faut-il s'adresser?
9 Avec quel prof t'entends-tu bien?
10 Quels débouchés sont envisageables?

5 Fill in the gaps with the appropriate question words (or *est-ce que*).

Je voudrais des renseignements concernant ma carrière future: (1) _____ d'années faut-il étudier pour devenir architecte?

(2) _____ matières devrais-je faire pour mes A-levels? (3) _____ il est nécessaire d'être fort en chimie?

J'aimerais étudier dans une université dans le Nord. (4) _____ est la plus prestigieuse?

(5) _____ dois-je faire ma demande de dossier? Avant avril? (6) _____ est responsable des dossiers?

(7) _____ faut-il avoir quatre références? C'est beaucoup! (8) _____ est-ce possible?

À (9) _____ bureau faut-il s'adresser pour avoir des renseignements plus précis? À (10) _____ heure ferme-t-il?

6 Translate into French.

1 Where is your work?
2 Why do I have to learn Latin?
3 Which subject is the easiest?
4 Who forgot their homework?
5 When do the lessons start?
6 Do you like university life?
7 I like these lessons. Which ones do you prefer?
8 How many classes are you following?
9 What would you like to study?
10 What lesson have you got now?

8 • Les prépositions
(Prepositions)

AS October

A preposition is a word used to establish a relationship between two nouns, between a noun and a verb or between different parts of a sentence. Prepositions often cannot be translated literally, e.g. I listen **to** the radio = ~~J'écoute à la radio.~~ *J'écoute la radio.*

For going **to a place**, or being **at a place**, use *à* followed by the appropriate article, e.g. *Je vais à l'université. Je suis à l'université.*

Use the following prepositions for place names:

- *à* with town and city names, e.g. *Je suis à Oxford, mais je voudrais aller à Paris.*
- *en* with feminine countries, e.g. *J'habite en Angleterre.*
- *au* (or *à l'*) with masculine countries, e.g. *Je suis né au Pays de Galles.*
- *aux* with masculine plural countries, e.g. *J'habite aux États-Unis.*

To express movement **from a place**, use *de* with the appropriate article e.g. *Je viens de l'université.*

There is generally no article with towns, cities or countries e.g. *Je viens de Belgique. Je rentre d'Afrique du Sud.*

These prepositions describe **position**:

à *(to)*	devant *(in front of)*
à côté de *(next to)*	en face de *(opposite)*
au-dessous de *(below)*	loin de *(far from)*
au-dessus de *(above)*	près de *(near)*
autour de *(around)*	sous *(under)*
de *(from)*	sur *(on)*
derrière *(behind)*	vers *(towards)*

Here are some more uses for **à** and **de**:

- distance in time and space, e.g. *La fac est à 5 minutes de chez moi/à 500 mètres de chez moi.*
- point in time, e.g. *Les cours commencent à 9 heures.*
- possession, e.g. *C'est le livre de mon prof.*
- quantities, e.g. *Je voudrais une tablette de chocolat.*
- description, e.g. *C'est un film d'horreur.*

Remember that *à* and *de* contract with a following masculine or plural definite article:

à + le → *au*	de + le → *du*
à + les → *aux*	des + les → *des*

Learn this mixed group of prepositions by heart:

avec *(with)*	jusqu'à *(up to, as far as)*
chez *(at)*	par *(per/by)*
contre *(against)*	parmi *(amongst)*
dans *(in)*	pendant *(for/during)*
depuis *(since/ for)*	pour *(in order to/for)*
dès *(from/since)*	sans *(without)*
grâce à *(thanks to)*	sauf *(except)*

See also verbs followed by prepositions (p. 12).

1 Circle the correct preposition.

1 J'étudie <u>à / sans / pour</u> devenir comptable.

2 Je suis originaire <u>de / du / à</u> Marseille.

3 J'ai hâte d'habiter <u>sans / grâce à / sous</u> mes parents.

4 Nous allons loger <u>près de / sur / en-dessous de</u> la gare.

5 J'habite <u>de / à / parmi</u> Édimbourg.

6 J'ai réussi <u>grâce à / par / pour</u> l'aide de mon prof.

7 Je viens <u>de / des / avec</u> États-Unis.

8 Je fais mes devoirs <u>pour / avec / devant</u> enthousiasme.

9 Je vais commencer à réviser <u>pendant / depuis / dès</u> demain.

10 Il est assis <u>en face de / par / de</u> nous.

2 Cross out the one preposition in each sentence that doesn't make sense.

1 Je préfère étudier <u>avec / par / sans</u> mes amis.

2 Le collège est <u>derrière / devant / à</u> la salle de sports.

3 Je partirai <u>dès / grâce à / vers</u> 8 heures.

4 Les cours commencent <u>vers / pour / à</u> 9 heures.

5 Ton crayon est <u>sous / sur / avec</u> la table!

6 Ma maison est <u>sur / près de / loin de</u> la ville.

7 Je rentre <u>chez / près de / avec</u> mon copain.

8 Tout le monde est content <u>de / dès / sauf</u> lui.

9 C'est le chien <u>de / parmi / sans</u> Marcel!

10 J'ai réussi ma licence <u>de / sans / grâce à</u> l'aide de mes profs.

3 Fill in the gaps with the correct prepositions from the box.

1 La salle de classe se trouve _____ du secrétariat.

2 Elle révise _____ son examen de littérature.

3 Max vient _____ pays de Galles.

4 Il fait un voyage d'études _____ Portugal.

5 Sam étudie le français _____ trois ans.

6 Je vous rejoins _____ quatre heures.

7 Tu viens _____ nous au ciné?

8 Je n'ai pas peur _____ araignées!

9 Mon père est en vacances _____ Argentine.

10 J'aimerais devenir infirmier, _____ soigner les gens.

à la	en face	au	à	du	pour
en	avec	de la	des	pour	depuis

4 Translate into English.

J'ai l'intention d'étudier le droit. Depuis le début du lycée, je m'intéresse aux problèmes des gens autour de moi. J'aimerais devenir avocat pour aider les autres. Je vais m'inscrire à l'université de Warwick, près de Coventry. Je vais étudier pendant quatre ans, dès septembre prochain, pour obtenir une licence de droit. Je vais loger dans une résidence universitaire près de l'université, parmi les autres étudiants. Je me réjouis!

5 Translate into French.

1 Marc gets on well with his tutor.

2 Monique is going to study in Norway.

3 Her friend comes from there.

4 The library is opposite the office.

5 It shuts at five.

6 Everybody is invited except me!

7 The station is 10 minutes away from my house.

8 I have been living here since 2001.

9 I am working hard to have a good job later on.

10 I will succeed thanks to my teachers.

6 Write a paragraph about your daily routine at school/college, including the following prepositions:

avec	sans	de	par	à	grâce à	devant
		depuis	loin de	pour		

9 • Le passé composé avec l'auxiliaire «avoir»
(The perfect tense with avoir)

Use the perfect tense:

- to talk about an action or an event which happened **at a particular point** or points in the past, and is now finished, e.g. *J'**ai révisé** mardi soir et ce matin.*
- to say when an action or an event **started or ended**, or how long it lasted for, e.g. *J'**ai fini** d'écrire mon essai hier soir.*
- to relate **a succession of events** or actions in the past, e.g. *J'**ai relu** mes notes, j'**ai fait** mes exercices et ensuite j'**ai rendu** mes devoirs au prof.*

The perfect tense is composed of two elements: the **auxiliary verb *avoir*** (or *être*, see section 10, p. 23) **in the present tense** (see p. 116) + the **past participle**, e.g. *Tu **as trouvé** l'examen facile?*

To form the **past participle** of regular verbs:

- for **-er** verbs: take off *-er* and add **-é**, e.g. *réviser* ➤ *révis**é**.*
- for **-ir** verbs: take off *-ir* and add **-i**, e.g. *finir* ➤ *fin**i**.*
- for **-re** verbs: take off *-re* and add **-u**, e.g. *rendre* ➤ *rend**u**.*

You will need to learn some **irregular past participles**. Here are a few examples. Check the verb tables (pp. 116–20) to learn more.

infinitive	avoir	être	prendre	mettre	vouloir	devoir	vivre
past participle	eu	été	pris	mis	voulu	dû	vécu

Any **negation** surrounds the auxiliary, e.g. *J'ai réussi.* ➤ *Je **n'**ai **pas** réussi.*

---

1 Fill in the correct forms of the auxiliary verb *avoir*.

1 j'_____ étudié
2 vous _____ réussi
3 il _____ rendu
4 tu _____ fait
5 ils _____ pris
6 nous _____ lu
7 tu _____ dû
8 elles _____ vu
9 j'_____ mis
10 on _____ ouvert

2 Form the past participle of these regular verbs.

1 aimer _____
2 réussir _____
3 attendre _____
4 penser _____
5 choisir _____
6 répondre _____
7 réaliser _____
8 servir _____
9 vendre _____
10 revendre _____

3a Match the irregular past participles to their infinitives.

1 vouloir _____
2 prendre _____
3 être _____
4 venir _____
5 dire _____

venu	été	voulu	dit	pris

3b Write the past participles of these verbs. Look in the verb tables if necessary.

6 connaître _____
7 savoir _____
8 croire _____
9 tenir _____
10 écrire _____

4 Underline the verbs in the perfect tense. Write their infinitive forms.

1 Vous avez répondu au téléphone. _____
2 Nous avons accueilli les clients. _____
3 On a envoyé des lettres. _____
4 Tu as réussi ton examen. _____
5 Ils ont vendu leur voiture. _____
6 Yacine a fait un stage dans une banque. _____
7 Tout le monde a pris le bus. _____
8 Jemila a eu 20/20 au test de maths. _____
9 J'ai reçu mon diplôme ce matin. _____
10 Mon stage m'a plu. _____

5 Write the perfect tense of these regular verbs.

1 (tu, travailler) _____
2 (vous, refuser) _____
3 (je, finir) _____
4 (nous, commencer) _____
5 (ils, défendre) _____
6 (elles, décider) _____
7 (il, répandre) _____
8 (je, ne pas réfléchir) _____
9 (on, ne jamais réunir) _____
10 (elle, ne plus participer) _____

6 Write the correct perfect tense form of the verbs in brackets. Be careful: all of them are irregular.

1 Elles _____ (avoir) une bonne formation.
2 Tu _____ (devoir) réviser beaucoup.
3 J' _____ (prendre) l'option informatique au bac.
4 Elle _____ (vouloir) comprendre les questions.
5 Il _____ (dire) qu'il était absent.
6 Vous _____ (boire) du champagne pour fêter votre diplôme.
7 Ils _____ (obtenir) un diplôme d'ingénieur.
8 J' _____ (savoir) la réponse à toutes les questions.
9 Nous _____ (suivre) des cours de soutien en maths.
10 Elle _____ (faire) ses devoirs, ensuite elle s'est relaxée devant la télé.

7a Rewrite these negative sentences as positive ones.

1 Je n'ai pas terminé mon livre.
_____
2 Mes cours n'ont pas commencé à huit heures.
_____
3 Samuel n'a pas fini son contrat.
_____
4 Le professeur n'a pas rempli les bulletins scolaires.
_____
5 Il n'y a pas eu beaucoup de problèmes.
_____

7b Change these positive sentences to negative ones.

6 J'ai parlé à mon prof à la fin du cours.
_____
7 Mon copain a postulé pour un emploi.
_____
8 Tu as passé ton oral d'espagnol hier.
_____
9 Il y a eu beaucoup de tests cette année.
_____
10 Les étudiants ont mangé à la cafétéria de la fac.
_____

8 Rewrite these present tense sentences in the perfect tense.

1 Mon chien mange mes devoirs.
_____
2 Le directeur punit toute la classe.
_____
3 Laurent ne rend pas sa copie.
_____
4 Tu écris plusieurs pages.
_____
5 Je ne sais pas dire «merci» en allemand.
_____
6 Elle comprend ce qu'il dit.
_____
7 Il faut réviser toute la journée.
_____
8 Les étudiants doivent assister à une conférence.
_____
9 Le guide traduit la conférence en français.
_____
10 Je reçois mon diplôme.
_____

9 **Fill in the gaps with the perfect tense of verbs from the box.**

Les élèves du collège Victor Hugo (1) _____ un stage dans un zoo. Les filles (2) _____ s'occuper des reptiles, elles ont préféré s'occuper des singes. Par exemple Louise (3) _____ un abri pour les chimpanzés. Les garçons, eux, (4) _____ de travailler avec les lions et les lamas. Maxime (5) _____ un lama! C'était drôle à voir!

Pendant le stage il (6) _____ de problèmes. Les employés du zoo (7) _____ que tout s'était bien passé car les stagiaires (8) _____ aux règles de sécurité. Tout le monde (9) _____ cette expérience très enrichissante. Quand le directeur (10) _____ les rapports de stage, il était très content et fier de tous les élèves.

trouver   ne pas y avoir   batir   tondre   faire
dire   choisir   lire   obéir   ne pas vouloir

10 **Translate into English.**

1 She studied science at uni.

   _____

2 We (*nous*) lost the keys of the classroom.

   _____

3 Alex et Sarah didn't succeed.

   _____

4 The students were able to change groups.

   _____

5 We (*on*) described the school.

   _____

6 My brother received a job offer.

   _____

7 You (*pl.*) didn't learn French and Spanish.

   _____

8 After my work experience, I took some holiday.

   _____

9 They (*f.*) lived in Belgium for two years.

   _____

10 Did you (*tu*) understand?

   _____

10 • Le passé composé avec l'auxiliaire «être»
(The perfect tense with être)

Some verbs form their perfect tense with the auxiliary **être in the present tense** (see p. 116) + **past participle** (see p. 20), e.g. *aller* ➤ *je suis allé, entrer* ➤ *elles sont entrées*. There are different ways to memorise which verbs use *être* as an auxiliary:

- Remember that most of them are verbs of motion or coming and going, e.g. *aller* (to go), *venir* (to come), *arriver* (to arrive), *partir* (to leave).

- Memorise MR DAMP'S TAVERN. The letters are the first letters of 13 verbs that take *être*: **M**onter, **R**ester, **D**escendre, **A**ller, **M**ourir, **P**artir, **S**ortir, **T**omber, **A**rriver, **V**enir, **E**ntrer, **R**etourner, **N**aître.

- Memorise the verbs in pairs, e.g. *monter – descendre; arriver – partir*.

- Add to the list as you meet more verbs that take *être*, e.g. *apparaître* (to appear) ➤ *elle est apparue*, *passer* (to pass by) ➤ *il est passé*.

The **past participles** of verbs that use *être* generally **agree with the subject** in number and gender.

je suis parti(**e**)	nous sommes parti(**e**)**s**
tu es parti(**e**)	vous êtes parti(**e**)(**s**)
il est parti	ils sont parti**s**
elle est parti**e**	elles sont parti(**e**)**s**
on est parti(**e**)(**s**)	

- When **on** replaces *nous* in spoken French, the past participle often agrees in gender and in number with the implied subject, i.e. masculine or feminine plural. The participle remains masculine singular if *on* has its less specific meaning.

  (they/one, *on* = masculine singular)   *On est entré dans l'ère du numérique.*
  (Paul and Marc, *on* = masculine plural)   *On est arrivé**s** les premiers!*
  (Lise and Marion, *on* = feminine plural)   *On est arrivé**es** les premières!*

- Remember that a **mixed** masculine and feminine group will take the masculine plural form, e.g. *Paul et Lise sont arrivés les premiers.*

Remember that any **negation** surrounds the auxiliary, e.g. *Il est tombé* ➤ *Il n'est **pas** tombé.*

Some verbs can form their perfect tense with **either** *avoir* **or** *être* depending on whether they are used intransitively (with no direct object) or transitively (with a direct object). These include *descendre, monter, rentrer, retourner, sortir* and their compounds.

Il est sorti. (He went out – no object, intransitive.)
Il a sorti son pique-nique de son sac. (He took his picnic (direct object) out of his bag – transitive.)

- When the verbs take *être* they must agree in number and gender with their subject. When they take *avoir*, there is no agreement with the subject.

  *Elle **est** descendu**e**.* (She went downstairs.)
  *Elle **a** descendu ses bagages.* (She took her luggage down.)

All the rules above apply also to the compound forms of the verbs that take *être*.

*partir – **re**partir: il est parti – il est **re**parti*
*venir – **par**venir: elle est venu**e** – elle est **par**venu**e***
*monter – **re**monter: ils **ne** sont **pas** montés – ils **ne** sont **pas** remontés*

To say how long ago something happened, use **ça fait** or **il y a** + **period of time** + **perfect tense**, e.g. *Il est parti en vacances **il y a** une semaine.* (He went on holiday a week **ago**.) **Ça fait** *une semaine qu'il est parti en vacances.* (**It's been** a week **since** he went on holiday, also translated as: He went on holiday a week ago.)

1 **The 13 verbs below all form the perfect tense with *être*. Find five pairs of opposites.**

aller   arriver   descendre   entrer   monter
mourir   naître   partir   retourner
rester   sortir   tomber   venir

2 **Fill in the correct forms of *être*.**

1 je _____ arrivé
2 tu _____ parti
3 elle _____ venue
4 il _____ allé
5 on _____ montés
6 nous _____ descendus
7 vous _____ entrées
8 elles _____ mortes
9 ils _____ nés
10 je _____ sortie

3 **Write the past participles of these verbs. Look in the verb tables (pp. 116–120) if necessary.**

1 partir _____
2 arriver _____
3 descendre _____
4 aller _____
5 sortir _____
6 mourir _____
7 naître _____
8 venir _____
9 parvenir _____
10 revenir _____

4 **Cross out the incorrect subject pronouns.**

1 Elles / Tu es née à Monaco.
2 Nous / Vous sommes retournées en Espagne.
3 Je / Vous suis tombée en faisant du ski.
4 Je / Elles sont arrivées à l'aéroport à l'heure.
5 Ils / Vous êtes parvenus au sommet du Machu Pichu.
6 Il / Elle est parti en vacances il y a deux jours.
7 Il / Elle est rentrée de vacances.
8 Il / On est allés au Maroc en ferry.
9 On / Elle est venue en train.
10 On / Elle est descendues à la mauvaise station.

5 **Circle the correct past participle.**

1 Je (*m.*) suis allé / allée / allés / allées en Allemagne à Noël.
2 Vous (*m. pl.*) êtes retourné / retournée / retournés / retournées en Égypte pour la troisième fois.
3 La voiture de location n'est pas tombé / tombée / tombés / tombées en panne.
4 Les trains ne sont pas arrivé / arrivée / arrivés / arrivées à l'heure.
5 On (*f. pl.*) est resté / restée / restés / restées deux jours dans un camping.
6 Ils sont revenu / revenue / revenus / revenues dans leur chambre d'hôtel.
7 Je (*f.*) suis devenu / devenue / devenus / devenues toute rouge car je suis restée trop longtemps au soleil.
8 Elles sont rentré / rentrée / rentrés / rentrées très tard hier soir.
9 L'avion est parti / partie / partis / parties du terminal numéro 3.
10 Elliot et Léa sont tombé / tombée / tombés / tombées amoureux pendant les vacances.

6 **Complete the sentences with the perfect tense of the verbs in brackets.**

1 (*aller*) Je (*m.*) _____en croisière pendant une semaine.
2 (*naître*) Cathy _____ en Martinique.
3 (*venir*) Nous (*f.*) _____ te rendre visite.
4 (*mourir*) Les piles (*f.*) de ma lampe torche _____.
5 (*rester*) Vous (Fred, Brahim et Lisa) _____ sur une île pendant un mois.
6 (*repartir*) On (*m. pl.*) _____ en randonnée deux jours après.
7 (*retourner*) Tu (*f.*) _____ à la porte d'embarquement 32.
8 (*rentrer*) Il _____ au petit matin.
9 (*retomber*) Ils _____ au même endroit sur la piste noire.
10 (*redescendre*) Mes amies _____ du bateau car elles avaient toujours le mal de mer.

7 Translate into French.

1 Joël was born in Switzerland 15 years ago.

_____

2 They (*m.*) got off the plane.

_____

3 I (*f.*) didn't come by coach.

_____

4 My friend Claire stayed three months in New Zealand.

_____

5 We (*nous, f.*) arrived at 10.00 at the youth hostel.

_____

6 You (*tu, m.*) didn't fall on the black slope.

_____

7 We (*nous, m.*) left early this morning.

_____

8 My sisters didn't go out yesterday.

_____

9 Frank went in the wrong train carriage.

_____

10 During your gap year you (*tu, m.*) went to Australia.

_____

8 Write I or T beside each sentence in French (A–J), to indicate whether the verb is transitive or intransitive. Match each of the five sentence beginnings in English (1–5) to a sentence in French (A–J). Translate the remaining five French sentences into English.

A Je suis montée en haut de la Tour Eiffel.

B J'ai monté les courses.

C Je suis sortie en boîte.

D J'ai sorti les poubelles.

E Je suis entrée dans le bar.

F J'ai entré le code de ma carte.

G Je suis descendue de voiture.

H J'ai descendu les valises.

I Je suis passée chez toi.

J J'ai passé de bonnes vacances.

1 ☐ I put in   4 ☐ I went up

2 ☐ I went out   5 ☐ I got out

3 ☐ I spent

9 Fill in the gaps with the perfect tense of verbs from the box. Be careful: there is a mixture of *avoir* and *être* auxiliary verbs.

Il y a deux ans j' (1) _____ mon diplôme du BAFA, mon diplôme d'animatrice. L'année dernière j' (2) _____ deux semaines dans une colonie de vacances à Nice. Cet été je (3) _____ travailler dans la même colonie mais je (4) _____ un mois. On (5) _____ beaucoup d'activités. Nous (6) _____ à la plage tous les jours. Nous (7) _____ de l'équitation aussi. Je (8) _____ une fois de mon cheval mais je (9) _____ aussitôt. C'était génial mais un mois c'est long! Et mes copains (10) _____ me rendre visite pendant mes jours de congé.

> remonter   travailler   retourner
> organiser   rester   tomber   obtenir
> faire   ne pas venir   aller

10 Translate into French. Each sentence has two verbs in the perfect tense, one with *être* and one with *avoir*.

1 It's been a month since he left for Spain and he hasn't phoned since.

2 I didn't come with you to Italy because I lost my passport a month ago.

3 When we (*nous, mixed*) arrived at the hotel, we unpacked the suitcases.

4 I (*m.*) went out of the hotel room, but I didn't take my key!

5 My grandparents were born in France but in 1977 they moved to Canada.

> *since* = depuis
> *unpack* = défaire

II • Les adjectifs possessifs et démonstratifs
(Possessive and demonstrative adjectives)

Les adjectifs possessifs (Possessive adjectives)

Possessive adjectives **agree in gender and in number with the noun that follows them**. Note that there are not separate words for 'his', 'her' and 'its'.

*Elle a oublié **son** sac et **sa** montre.* (She's forgotten her bag and her watch.)

*On a oublié **notre** sac.* (We've forgotten our bag.)

* Use this form for feminine nouns starting with a vowel or silent *h*, e.g. *mon amie*.

	m. sing. (f. sing.*)	f. sing.	m./f. pl.
my	mon	ma	mes
your (tu)	ton	ta	tes
his/her/its	son	sa	ses
our	notre		nos
your (vous)	votre		vos
their	leur		leurs

Les adjectifs démonstratifs (Demonstrative adjectives)

Use **cet** in front of masculine words beginning with a vowel or silent *h*, e.g. *cet appartement, cet hôtel*.

To make a distinction between 'this' and 'that', 'these' and 'those', add **-ci or -là**, e.g. *Laquelle est à toi?* **Cette** *valise-**ci** ou **cette** valise-**là**?* (Which one is yours? **This** suitcase or **that** suitcase?)

	masculine	feminine
singular (this/that)	ce/cet	cette
plural (these/those)	ces	

1 Write the correct possessive adjective: *mon, ma* or *mes*.

Au cas où il fait chaud j'ai pris …

1 ____ casquette
2 ____ maillot de bains
3 ____ lunettes de soleil
4 ____ crème solaire
5 ____ tongs
6 ____ bonnet
7 ____ polaire
8 ____ grosses chaussettes
9 ____ écharpe
10 ____ gants

2 Write the correct forms of the possessive adjectives.

1 (*your, tu*) _____ chapeau
2 (*our*) _____ photos de vacances
3 (*her*) _____ montre
4 (*my*) _____ cartes postales
5 (*your, vous pl.*) _____ guide touristique
6 (*their*) _____ livre
7 (*his*) _____ argent
8 (*your, vous s.*) _____ lunettes
9 (*their*) _____ billets d'avion
10 (*your, tu*) _____ carte d'identité

3 Add the correct possessive adjectives. Then rewrite the sentences in the plural.

J'ai une clé. C'est **ma** clé. Ce sont **mes clé<u>s</u>**.

1 Tu as une carte de crédit. C'est _____ carte de crédit.

2 Il a un billet de train. C'est _____ billet de train.

3 Nous avons une valise. C'est _____ valise.

4 Vous avez un visa. C'est _____ visa.

5 Elles ont un passeport. C'est _____ passeport.

4 Complete the sentences with the possessive adjectives that match the subject.

1 Je raconte _____ vacances.
2 Fabien montre les photos de _____ voyage en Inde.
3 Tu as écrit une carte postale à _____ parents.
4 Vous avez oubliez _____ passeports à la maison.
5 Julie a acheté des souvenirs pour _____ copines.
6 Mes parents ont perdu _____ valises.
7 Je ne sais pas où sont _____ bagages.
8 Tu vas me donner _____ adresse.
9 On a fait _____ valises hier.
10 Lui et sa copine ont passé _____ temps à lire.

5a Add the possessive adjectives that match the sentence subjects. Translate the text into English.

L'été dernier je suis parti en vacances avec (1) _____ copains. On est resté dans (2) _____ camping préféré au bord de la mer. Mes parents nous ont prêté (3) _____ tente. On avait tous apporté (4) _____ planches de surf, et mes copains avaient aussi amené (5) _____ guitares.

5b Translate into French.

While we're on holiday, can you please walk our dog, water my plant, feed their cat and their fish (*pl.*), pick up our mail and put our bins out? Thanks!

Pendant qu'on est en vacances, peux-tu s'il te plaît promener <u>notre</u> chien, … _____

to water = arroser	*to pick up* = ramasser
to put out = sortir	*to feed* = nourrir

6 Circle the correct demonstrative adjective.

1 ce / cet / cette passeport
2 ce / cet / cette valise
3 ce / cet / cette destination
4 ce / cet / cette voyage
5 ce / cet / cette hôtel
6 ce / cet / cette avion
7 ce / cet / cette sac
8 ce / cet / cette hôpital
9 ce / cet / cette pays
10 ce / cet / cette auberge de jeunesse

7 Add the correct demonstrative adjective *ce*, *cet* or *cette*.

1 _____ sac à dos-ci
2 _____ excursion-ci
3 _____ autobus-ci
4 _____ tente-ci
5 _____ passager-ci
6 _____ appareil photo-là
7 _____ réservation-là
8 _____ vue-là
9 _____ tarif-là

8 Write the nouns under the correct headings.

ce	cet	cette	ces

chèque de voyage   avantage   croisière-ci
bagages   barbecue-là   papiers d'identité
aller-retour   randonnée   horaires-là   bateau-ci

9 Translate into English.

1 Ce camping-ci est idéal.
2 On a acheté cette caravane-là.
3 Tu as réservé cet emplacement-ci.
4 Ces magasins-ci sont plus près.
5 On a loué ce camping-car-là.
6 Cette piscine-ci est plus grande.
7 Ces touristes-là viennent de Hollande.
8 Ce club de vacances-ci est moins cher.
9 Je préfère ces activités-ci.
10 Ce climat-là me convient mieux.

10 Translate into French.

1 This climate is tropical.
2 That sun attracts tourists.
3 This wind is cold.
4 That storm destroyed the forest.
5 This heat is unbearable.
6 That rain doesn't stop!
7 This snow doesn't melt.
8 Those clouds are grey.
9 These mosquitoes are annoying.
10 Those insects are dangerous.

12 • Les verbes pronominaux
(Reflexive verbs)

AS October

A reflexive verb is accompanied by a **reflexive pronoun**: *Mon petit frère se lève tard le week-end.*

Reflexive verbs can be **used** in three ways:

1   The main use (reflexive) describes an action you do to **yourself** e.g. *Je me lave.*(I get washed./I wash myself.)

2   They can be used for actions people do to **each other** or feelings they have for each other (reciprocal) e.g. *Ils se détestent.* (They hate each other.) *Elles se battent.* (They fight each other/They have an argument.).

3   The reflexive is used in French for some verbs whose English equivalent isn't reflexive. These **idiomatic** uses just need to be learnt. e.g. *Je me débrouille* (I manage).

The **reflexive pronoun agrees** with the subject:

subject pronoun	reflexive pronoun	
je	me	*myself*
tu	te	*yourself*
il/elle/on	se	*himself/herself/oneself*
nous	nous	*ourselves*
vous	vous	*yourself/yourselves*
ils/elles	se	*themselves*

The *e* of the reflexive pronoun is replaced by an apostrophe before a vowel or a silent *h*, e.g. *Elle s'habille.*

Most reflexive verbs are regular *-er* verbs (exceptions include *s'asseoir, se souvenir, s'endormir, s'entendre, se taire*), so just follow the regular pattern (see page 8) to conjugate them in the **present tense.**

In the **perfect tense**, reflexive verbs take the auxiliary **être** which immediately follows the reflexive pronoun, e.g. *D'habitude, il se lève à sept heures, mais hier, il s'est levé à huit heures.*

In most cases, the **past participle agrees** with the subject in number and gender, e.g. *Ils se sont levés tard. Elle s'est réveillée tôt.*

Exceptions:

- The reflexive pronoun is an indirect object (replacing a noun introduced by a preposition). This is easy to see if it is followed by a direct object, e.g. *Elle s'est acheté **un souvenir**. (acheter quelque chose **à** quelqu'un). Elles se sont parlé. (parler **à** quelqu'un).*

- The verb is followed by a body part, e.g. *Elle s'est brossé **les dents.***

Box A for Exercise 5, in random order.

se réveiller   se tromper   s'ennuyer (NB je m'ennuie) s'appeler (NB je m'appelle)   se reposer   se doucher se promener (NB je me promène)   s'imaginer

1 **Add the correct reflexive pronouns.**

Pendant les vacances en Bretagne, mon frère et moi, nous (1) _____ réveillons assez tard, mais mes parents (2) _____ lèvent beaucoup plus tôt parce qu'ils aiment beaucoup (3) _____ promener. Alors ils (4) _____ dépêchent de visiter des choses le matin, et l'après-midi, nous (5) _____ retrouvons en famille. Je (6) _____ repose beaucoup en vacances et je ne (7) _____ habille jamais avant midi! Je pense que c'est important de (8) _____ relaxer! Mon frère et moi, nous (9) _____ disputons parfois, mais en général, je (10) _____ entends plutôt bien avec lui.

2 **Change the reflexive verbs to fit the subject pronouns provided.**

1   Je me réveille ➤ Tu _____
2   Je me promène ➤ Il _____
3   Je me brosse les dents ➤ Elle _____
4   Je m'amuse ➤ Tu _____
5   Je m'ennuie ➤ Il _____
6   Ils se quittent ➤ Nous _____
7   Ils se détestent ➤ Vous _____
8   Ils se téléphonent ➤ Vous _____
9   Ils se marient ➤ Je _____
10 Ils se souviennent ➤ Tu _____

3 **Write the missing words. Use the perfect tense of the verbs in brackets.**

1   Ma copine _____ *(se maquiller)* avant de sortir.
2   Ils _____ *(se raser)*.
3   Vous *(m. pl.)* _____ *(se moquer)* de moi?
4   Elles _____ *(se rencontrer)* le week-end dernier.
5   Tu *(m.)* _____ *(se demander)* si c'est vrai.
6   Nous *(f.)* _____ *(se disputer)*.
7   Je *(f.)* _____ *(se réveiller)* à neuf heures.
8   Tu *(f.)* _____ *(se dépêcher)* de sortir.
9   Mon beau-père _____ *(se fâcher)*.
10 Mon ami et moi _____ *(se reposer)*.

4 **Add the correct ending to the past participle, or put a cross if it should not have one.**

1   Elle s'est cassé_____ le nez.
2   Elle s'est douché_____ ce matin.
3   Ils se sont réveillé_____ à sept heures.
4   Ils se sont lavé_____ les mains.
5   Elles se sont retrouvé_____ à la maison.
6   Elles se sont mouché_____ le nez.
7   Marie s'est approché_____ de lui.
8   Marie s'est couché_____ à 11 heures.
9   Tom et Luc se sont acheté_____ des bonbons.
10 Tom et Luc se sont parlé_____ .

5 **Write the missing words. Use the present tense or the perfect tense, as appropriate, of suitable verbs from Box A on p. 28.**

1   D'habitude, nous _____ vers huit heures, mais pendant les dernières vacances, nous _____ assez tard.

2   L'été dernier, je _____ parce que pendant l'année, je ne _____ pas assez.

3   Au Maroc en juillet dernier, mon petit frère _____, mais d'habitude il _____ aussi à la maison!

4   Aujourd'hui, vous _____ de train et hier, vous _____ de bus; c'est terrible!

5   En juillet dernier, tu _____ le long du port de Sydney et aujourd'hui, tu _____ dans les rues de Manchester.

6 **Translate 1–5 into English and 6–10 into French.**

1   Vous vous dépêchez?
2   Je me suis regardée dans le miroir.
3   Nous nous sommes beaucoup ennuyés!
4   Ils se souviennent de leurs dernières vacances.
5   Tu t'es promené près du port?
6   During the holidays, I get up early.
7   We *(nous, m.)* met each other at the station.
8   He asked himself why.
9   You *(pl.)* argue all the time!
10 My mother likes to have a rest.

I3 • Le futur proche
(The near future)

To talk about what **is going to** happen in the near future, use **aller** in the present tense followed by an **infinitive**. This corresponds to the 'I'm going to …' structure in English, e.g. *En septembre, je vais étudier les langues!* (In September, I'm going to study languages!)

The near future is used frequently in spoken French and can also be used in informal written French.

je **vais** étudier	nous **allons** étudier
tu **vas** étudier	vous **allez** étudier
il/elle/on **va** étudier	ils/elles **vont** étudier

When the near future is used with **reflexive verbs**, the reflexive pronoun goes between the present tense of *aller* and the infinitive, e.g. *Il va **se** baigner à la plage.*

When it is used with the **negative**, *ne* and *pas* surround the part of *aller*, e.g. *Elle **ne** va **pas** visiter les monuments.* Note that sometimes *ne* needs to be shortened to *n'*, e.g. *Nous **n'**allons pas prendre le train.*

1 Add the missing parts of the present tense of *aller*.

1 Je _____ préparer mes bagages.

2 Mon pote _____ acheter nos billets d'avion!

3 Est-ce que tu _____ passer la journée en ville?

4 Vous _____ beaucoup vous amuser.

5 Mes copains et moi _____ voyager en Europe.

6 Ta grand-mère _____ faire une croisière sur le Nil.

7 Cet été, je ne _____ pas aller en Turquie.

8 Mon oncle et ma tante _____ nous rapporter du chocolat.

9 Tu _____ enfin me rendre visite!

10 Ce soir, nous _____ nous reposer à l'hôtel.

2 These sentences are in the simple future. Rewrite them in the near future.

1 Je visiterai Londres.

_____

2 Tu partiras assez tôt.

_____

3 Vous passerez du temps en ville.

_____

4 Ma cousine sortira tous les soirs.

_____

5 Nous nous amuserons ensemble.

_____

6 Tu regarderas un film français.

_____

7 Vous vous baignerez dans la piscine.

_____

8 Nous ne voyagerons pas au Népal.

_____

9 Mes parents ne prendront jamais l'avion.

_____

10 Mon corres se lèvera tard.

_____

3 Fill in the missing parts of the present tense of *aller* and infinitives chosen from the box.

1 Nous _____ _____ en première classe.

2 Mes amies _____ _____ à la discothèque.

3 Je _____ _____ beaucoup de cocktails.

4 Mon petit copain _____ _____ des cours de surf.

5 Tu _____ _____ de parler espagnol.

6 Vous _____ _____ dans la mer.

7 Je _____ _____ beaucoup de romans.

8 Nous _____ _____ des gens intéressants.

9 Jessica _____ _____ dans sa chambre.

10 Tu _____ _____ de super vacances!

finir danser nager essayer rencontrer
boire   bouder   prendre   lire
voyager   fermer   passer

4 Here are ten incorrect sentences in the near future tense. Correct the ten mistakes.

1 Ma famille vont planifier les vacances d'été.

2 Nous allons allé dans les îles grecques.

3 Tu va venir avec nous.

4 Mais ma sœur va restée à la maison.

5 Nous allons rougir dans un hôtel très chic.

6 Mon père veut profiter des vacances.

7 Ma mère va avoir un peu stressée parfois.

8 Nous devons manger beaucoup de moussaka.

9 Tu te vas amuser beaucoup.

10 Je ne vais manger pas de fruits de mers.

5 Translate into English.

1 Je vais prendre une année sabbatique.

_____

2 Avec mon petit ami, nous allons voyager en Asie.

_____

3 Mes parents vont s'inquiéter un petit peu.

_____

4 Ma copine va aller directement à la fac.

_____

5 Elle va me manquer!

_____

6 Nous allons nous réveiller tôt.

_____

7 Vas-tu inviter ton meilleur ami?

_____

8 Nous n'allons plus voyager ensemble.

_____

9 Je ne vais pas rejoindre ma famille.

_____

10 Je vais me maquiller ce soir.

_____

6 Translate into French.

1 They (*f.*) are going to buy an InterRail ticket.

_____

2 I am probably going to travel with them (*f.*).

_____

3 He is going to hire a mountain bike.

_____

4 You (*tu*) are going to spend a lot of time on the plane.

_____

5 You (*pl.*) are going to learn a lot of things!

_____

6 They are going to get married in Iceland.

_____

7 She is not going to like this!

_____

8 My brother is going to rest on the beach.

_____

9 Are you (*tu*) going to come with us?

_____

10 My parents are not going to notice anything.

_____

14 • Les pronoms relatifs et indéfinis
(Relative and indefinite pronouns)

AS October

Les pronoms relatifs

Linking two related ideas using a relative pronoun enables you to make complex sentences and avoid repetition.

qui (*who, which, that*)
To replace a noun which is the **subject** of the verb – the verb comes straight after it
que, qu' (*which, that*)
To replace a noun which is the **object** of the verb – it's followed by a subject and a verb
où (*where, when*)
To indicate place or time
dont (*whose, of/about which*)
To indicate possession, or to replace a noun following *de*
lequel, laquelle, lesquel(le)s (*which*)
When there is a preposition e.g *dans, avec*
ce qui (*what*)
To translate 'what' when it is the **subject** of the verb – the verb comes straight after it
ce que/qu' (*what*)
To translate 'what' when it is the **object** – followed by a subject and a verb

1a Rewrite each pair of sentences as a single sentence, using *qui*, *que* or *qu'*.

1. Il faut préserver les ressources. Les ressources sont épuisables.
2. La pollution atmosphérique est causée par les gaz. Les gaz sont émis par les véhicules motorisés.
3. Les produits toxiques rejetés par les usines diminuent la qualité de l'air. On respire l'air.
4. La couche d'ozone bloque les rayons ultra-violets du soleil. Les rayons ultra-violets du soleil sont nocifs.
5. Les pesticides polluent l'eau. Les agriculteurs utilisent les pesticides pour améliorer leurs récoltes.

Les pronoms indéfinis

Indefinite pronouns are used when the person or thing being referred to is not specific.

One group is invariable.

English	Invariable form
one/'they'/'you'	on
all	tout
nothing	rien (de + *adjective*)
anybody/ -thing/ -where	n'importe qui/quoi/où
anyone, whoever	quiconque
someone	quelqu'un (de + *adj.*)
everybody	tout le monde
no one/nobody	personne (de + *adj.*)
something	quelque chose (de + *adj.*)
somewhere	quelque part
nowhere	nulle part
several (of)	plusieurs (d'entre nous, vous, eux, elles)

The other group agrees with the person or thing being referred to, in gender and, if appropriate, also in number.

English	Variable forms
each one	chacun(e) (d'entre nous)
none	aucun(e)
some, a few	quelques-un(e)s
some, certain	certain(e)s
one, one of	un(e), l'un(e) (de nous, vous, eux/elles)
another one, others	un(e) autre, d'autres
the other, the others	l'autre, les autres
all	tous/toutes

1b Complete the sentences with *où* or *dont*.

6 Elle fait partie d'une association _____ l'objectif est de protéger des animaux en danger.

7 La Suède est un pays _____ la préservation de l'environnement est prise au sérieux.

8 On est allé dans un musée _____ on a appris à fabriquer du papier.

9 L'eau fait partie des ressources _____ on a besoin tous les jours.

10 Il y a eu des inondations l'été _____ il a plu sans arrêt pendant un mois.

2 Fill in the gaps with words from the box.

1 Dans mon jardin, j'ai installé deux bacs à compost _____ je mets nos déchets organiques.

2 L'eau est une ressource naturelle _____ on ne pourrait pas vivre.

3 Elle récupère l'eau de pluie, _____ lui permet d'arroser ses plantes.

4 On trie d'abord _____ on met à la poubelle.

5 Ce camion ramasse le verre recyclé _____ on va fabriquer de nouvelles bouteilles.

6 La ville a choisi de mettre en service des lignes de tramway, _____ devrait réduire les pics de pollution.

7 Je préfère faire mes courses dans cette épicerie car _____ ils vendent est bio.

8 J'ai besoin d'une deuxième poubelle _____ je pourrais mettre les emballages plastiques.

9 Ils vont construire une centrale nucléaire dans ma région, _____ je trouve inacceptable.

10 Ils ont installé des fenêtres a double-vitrage, _____ permet de faire des économies de chauffage.

> avec lequel   sans laquelle   ce qui x 3   ce que
> dans laquelle   ce qu' x 2   dans lesquels

3a Complete the negative responses to the questions with indefinite pronouns.

1 Est-ce que tu connais quelqu'un qui va à l'école en vélo?

Non, je ne connais _____ qui va à l'école en vélo.

2 Est-ce que tu vas jeter quelque chose par terre?

Non, je ne vais _____ jeter par terre.

3 Est-ce que tu vas quelque part cet été?

Non, je ne vais _____.

4 Est-ce que je peux tout mettre à la poubelle?

Non, tu ne peux _____ jeter à la poubelle.

5 Est-ce que tout le monde arrose son jardin l'été?

Non, _____ n'arrose son jardin l'été.

3b Write the missing indefinite pronouns from the box.

6 Ne jette pas les papiers d'emballage _____.

7 _____ peut rejoindre notre association.

8 Ne jette pas _____ dans la poubelle jaune, c'est celle pour le verre!

9 _____ devrait se soucier du développement durable.

10 Bruno connaît les problèmes liés à la déforestation mieux que _____.

> tout le monde   n'importe qui   n'importe où
> quiconque   n'importe quoi

4 Replace the English with the correct indefinite pronouns from the box.

(1) *(Each of us)* doit contribuer à protéger la planète au quotidien. Ça n'a (2) *(nothing)* compliqué. Par exemple, comme (3) *(everybody)* dans mon quartier, je contribue au tri sélectif car je pense qu'il est important de (4) *(everything)* trier avant de jeter.

Je mets les poubelles dans mon garage. J'en ai (5) *(several)* pour recycler différents déchets. Elles sont (6) *(all)* d'une couleur différente. Dans (7) *(one)* on met les ordures ménagères non-recyclables et dans (8) *(the others)* on met le verre, le papier et le plastique. Malheureusement (9) *(some)* des emballages en plastique ne sont pas biodégradables. Et vous, vous faites (10) *(something)* pour aider l'environnement?

> rien de   plusieurs   tout le monde   l'une
> toutes   les autres   tout   certains
> quelque chose   chacun d'entre nous

I5 • La négation
(Negatives)

To make a phrase negative in French, place **ne ... pas around the conjugated verb** (*n'... pas* when the verb begins with a vowel or a silent *h*), e.g. *Je suis d'accord* ➤ *Je ne suis pas d'accord*.

In spoken French *ne* is sometimes dropped, e.g. *Ça m'intéresse pas!*

Remember to use **de after the negative** to replace the indefinite article (*un, une, des*) or partitive article (*du, de la, de l', des*), e.g. *J'ai un problème.* ➤ *Je n'ai pas de problème. Tu as de la chance.* ➤ *Tu n'as pas de chance.* (See p. 14.)

Other negative adverbs can be used with *ne*. They generally follow the same rules. The most common are:

Adverb	English	Example
ne ... pas	*not (at all)*	Je **ne** fume **pas**.
jamais	*never*	Tu **ne** bois **jamais** d'alcool.
plus	*no longer, no more, not any ... more*	Il **ne** pleut **plus**.
rien	*nothing*	Nous **ne** faisons **rien**.
personne	*no one, nobody, not ... anyone*	Vous **ne** connaissez **personne**.
nulle part	*nowhere, not ... anywhere*	Elles **ne** vont **nulle part** ce soir.
aucun(e)	*not a single*	Je **n'**ai **aucun** ami.
ni ... ni	*neither ... nor ...*	Tu **n'**aimes **ni** les maths **ni** les sciences.

Aucun is followed by a singular noun or by *de* + a plural noun, e.g. *Tu n'aimes* **aucun de ces CD**?

Some negative adverbs (not *pas*) can be **combined**, e.g. *Elle ne va plus jamais faire ça.* (She'll never do that any more.) *Ils ne font jamais rien à la maison.* (They never do anything at home.) *Jamais* and *plus* always come first (when *jamais* and *plus* are combined, *plus* comes first).

Some negative adverbs can be combined with **other adverbs**, e.g. *Je n'ai pas encore 17 ans, je ne peux pas du tout conduire une voiture.*

ne ... pas ...	**encore** *(not yet)*	**toujours** *(not always)*	
	assez *(not enough)*	**vraiment** *(not really)*	
	du tout *(not at all)*	**non plus** *(not either)*	

There are rules to help you **position** the two parts of the negative correctly.

- In an inverted **question** place them around the verb and the pronoun, e.g. *Pourquoi n'achetez-vous plus de CD?*
- When the verb is in the **perfect** tense or another **compound** tense, place them around the auxiliary (and pronoun, in a question), e.g. *Je n'ai pas économisé assez d'argent. Pourquoi n'avez-vous rien acheté?* **Exceptions:** *personne, aucun* and *nulle part* come after the past participle. e.g. *Je n'ai acheté aucun CD. Je n'ai vu personne.*
- With **reflexive verbs**, place them around the verb (around the auxiliary if there is one) and its reflexive pronoun, e.g. *Il ne s'intéresse pas à la musique classique? Non, mais il ne s'est pas endormi.*
- If the verb is followed by an **infinitive**, place them around the first verb, e.g. *Je ne peux pas acheter de lecteur MP3.*
- When *personne, rien* or *aucun* is the **subject** of the verb, it comes before *ne/n'* and the verb, and the verb is in the singular, e.g. ***Personne n'a** téléphoné.*

Exception: *Ne ... que* (*only*) is not a true negative but follows the same rules, except that *du* etc. does not change to *de* after it, e.g. *Laurence **n'**écoute **que** du reggae.* (Laurence only listens to reggae.)

In literary texts you may also meet ***ne ... guère/point/nullement*** (hardly/not at all/absolutely not) e.g. *D'habitude, il se levait plus tard, son déjeuner l'attendait sur le feu. Mais, ce jour-là, il se mit à grogner, parce qu'il **n'**y avait **point** de soupe. Puis, ...* (Émile Zola, *Germinal*)

1 Rewrite the sentences in the negative with *ne/n'…* *pas*.

1 Je suis optimiste.
2 Tu es d'accord avec moi.
3 Vous avez tort.
4 C'est vrai.
5 Ils ont raison.
6 Amélie trouve ça évident.
7 Samir est contre cette idée.
8 Je comprends.
9 Les statistiques sont exactes.
10 Nous changeons d'avis.

2 Rewrite the sentences in the negative with *ne/n'… pas*. Remember to use *pas de* where appropriate.

J'ai un appareil photo numérique.
Je n'ai pas d'appareil photo numérique.

1 Je possède un lecteur MP3.
2 Julie télécharge une chanson sur Internet.
3 Antony télécharge de la musique sur son i-pod.
4 Nous aimons les blogs sur les voyages.
5 Mes parents ont une adresse e-mail.
6 On a des jeux interactifs.
7 Vous êtes accros aux jeux vidéo.
8 Je passe mon temps sur les sites d'achats en ligne.
9 Ma mère fait du shopping sur Internet.
10 Les avancées technologiques facilitent la communication.

3a Find the opposites.

Positive	Negative
toujours	
encore	
tout	
partout	
tout le monde	

ne … plus   ne … nulle part
ne … personne   ne … rien   ne … jamais

3b Fill in the gaps with the negatives from 3a.

1 J'ai fait du shopping toute la journée mais je _____ ai _____ acheté.
2 Camille _____ porte _____ de jupe car elle ne trouve pas ça confortable.
3 Il faut que je charge mon téléphone car il _____ a _____ de batterie.
4 Vous n'aimez pas votre nouveau lycée parce que vous _____ connaissez _____.
5 Tu as vu mes nouvelles bottes? Je _____ les trouve _____!

4 Rearrange the words to make negative sentences. Translate the sentences into English.

1 pas n' amie Emmanuel a de petite
2 mes parents mes parle ne jamais Je problèmes avec de
3 avec frère habite n' Mon nous grand plus
4 fille ni unique Tu sœur n' as es frère tu ni
5 cette dans Je connais soirée personne ne
6 classe Armed dans aucun sa copain n' a
7 ami meilleur part Il sans va son ne nulle
8 demi-sœur à Émilie prête sa rien ne
9 avec ne vacances toujours pars famille Je pas en ma
10 notre Nous vraiment pas aimons beau-père n'

5 Translate into English. Notice the order of the combined negatives.

1 Ils n'ont plus aucune cassette vidéo.
2 Tu n'as jamais aimé ni les comédies, ni les films d'horreur.
3 Je ne regarde plus rien à la télé.
4 Personne ne parle plus jamais de ce film.
5 On ne regarde pas toujours les films qui ont des sous-titres.
6 À part les documentaires, nous ne regardons pas plus vraiment le câble.
7 Ils n'ont plus guère le temps de regarder des films en noir et blanc.
8 Elles ne sont point d'humeur à regarder un film d'horreur!
9 Je n'ai nullement l'intention de regarder ce film piraté.
10 Elle n'aime pas du tout regarder des films sur son ordinateur.

6 Rewrite the sentences in the negative, using the negative forms in brackets. Remember the *de* rule!

1 Je regarde souvent la télé. *(ne … pas)*
2 On achète des cassettes vidéo. *(ne … plus)*
3 Nous achetons des DVD. *(ne … que)*
4 Tu as des difficultés à télécharger des films. *(ne … aucun,* remember to make *difficultés* singular, and don't forget that it is a feminine noun)*
5 Ils ont acheté et loué des films. *(ne … ni … ni …)*
6 Vous avez voulu regarder le film avec des sous-titres. *(ne … pas du tout)*
7 Elle a acheté des films en ligne. *(ne … pas encore)*
8 J'ai acheté des films en ligne. *(ne … pas non plus)*
9 Fabien s'intéresse aux films étrangers. *(ne … pas assez)*
10 Tout le monde va aller au cinéma. *(ne … jamais plus,* remember to change 'everybody' to 'nobody')*

7 Translate into French. Pay attention to the position of the negative.

1 I haven't seen that DVD.
2 She didn't go to the cinema last Saturday.
3 He doesn't want to watch TV.
4 Nobody has downloaded any films.
5 Why didn't you (*tu*) rent a video tape?
6 You (*tu*) don't play either on the computer or on the (video games) console.
7 You (*vous*) don't have any black and white films any more.
8 We (*on*) haven't seen that comedy yet.
9 There is nothing on TV.
10 We (*nous*) only bought popcorn.

8 Translate the chatroom post into French.

I don't get on with my mother. She doesn't give me any freedom. I can't go anywhere without saying where I go and with whom. According to her, I never do anything. Always the same reproaches … Haven't you done your homework yet? Why haven't you tidied your room? Can't you help with the housework? Don't you have enough pocket money? We can't talk to each other any more without arguing. I have no one I can talk to about my problems.

> *to give freedom* = laisser des libertés
> *the same reproaches* = les mêmes reproches
> *to whom* = à qui

Clues for exercise 2, p.89.

se passer = *to happen*
découvrir quelque chose = *to discover something*
étudier quelque chose = *to study something*
demander de l'aide **à** quelqu'un = *to ask someone for help*
jouer **à** un jeu = *to play a game*
avoir peur **de** quelqu'un/quelque chose = *to be afraid of someone/ something*
apprendre quelque chose grâce **à** quelqu'un = *to hear something thanks to someone*
se batter **avec/contre** quelque chose = *to fight with/against something*
vivre **avec/sans** quelque chose = *to live with or without something*

16 • Les pronoms compléments d'objet direct et indirect
(Direct and indirect object pronouns)

Les pronoms d'objet direct (Direct object pronouns)

Direct object pronouns are words like 'me', 'him' etc., which are used when any name or noun would follow the verb without a preposition. They can be used to avoid repeating nouns, e.g. *Est-ce que tu aimes mes baskets? Oui, je **les** aime.*

me/m' *(me)*	te/t' *(you)*	le/l' *(him/it)*	la/l' *(her/it)*
nous *(us)*	vous *(you)*	les *(them)*	

Learn these rules on how to **position** the direct object pronoun correctly in the sentence.

- The direct object pronoun is usually placed **before the verb**, e.g. *J'aime le football – je **le** regarde tous les samedis. J'aime la mode, mais je ne **la** suis pas.*
- If a verb is followed by an infinitive, the direct object pronoun goes **before the infinitive** e.g. *Elle va acheter une minijupe et elle va **la** porter ce soir.*
- In the perfect tense and other compound tenses, the object pronoun is placed **before the auxiliary verb *avoir***, e.g. *As-tu acheté ton nouvel ordinateur? Oui, je **l'**ai acheté hier.*

  The **past participle agrees** with the preceding direct object pronoun, e.g. *As-tu acheté ta nouvelle chemise? Oui, je **l'**ai acheté**e** hier.*

AS November

Les pronoms d'objet indirect (Indirect object pronouns)

Indirect object pronouns are used in most cases where a name or noun after the verb would have the preposition *à* or *pour* before it. English would often have 'to' or 'for', or at least imply it, e.g. *Il **m'**achète des fleurs.* (He buys **me** flowers./He buys flowers **for me**.) *Je **leur** parle.*(I talk **to them**.)

Many French verbs are followed by *à*, but their English translation often has no preposition: Here are some examples. Check in the dictionary for others.

demander à *(to ask someone)*	parler à *(to speak to, to talk to)*
dire à *(to say to, to tell)*	poser une question à *(to ask someone a question)*
donner à *(to give to)*	raconter à *(to tell someone (a story))*
expliquer à *(to explain to)*	téléphoner à *(to phone someone)*

Most forms are the **same** as the **direct** object pronouns, but the third person forms are different:

lui	*(to/for him, to her, to it)*
leur	*(to/for them)*

*J'ai téléphoné à mon copain. Je **lui** ai téléphoné.*
*Nous allons parler à nos copains. Nous allons **leur** parler.*

The rules for the **position** of the indirect object pronouns are the same as for the direct object pronouns (before the verb in simple tenses, the auxiliary in compound tenses, or the infinitive).

Je demande toujours des conseils à mes parents. ➜ *Je **leur** demande toujours des conseils.*
Elle a raconté toute l'histoire à sa mère. ➜ *Elle **lui** a raconté toute l'histoire.*
Je vais demander de l'argent à mon père. ➜ *Je vais **lui** demander de l'argent.*

In the perfect tense, the past participle **never** agrees with the indirect object pronoun e.g. *J'ai parlé à ma mère. Je **lui** ai parlé.*

In a sentence where **both direct and indirect object pronouns** are used, the order is as follows:

me/te/nous/vous   le/la/les   lui/leur

As-tu donné ton exposé au prof?   *Oui, je **le lui** ai donné./Non, je ne **le lui** ai pas donné.*

1 Fill in the gaps with direct object pronouns from the box to replace the underlined words.

1 J'achète <u>des vêtements de marque</u> mais je _____ trouve chers.

2 J'aime vraiment <u>ce tee-shirt Diesel</u> alors je vais _____ acheter.

3 J'ai <u>une nouvelle jupe</u> mais je ne _____ mets pas souvent.

4 Elle a acheté <u>une casquette</u> et elle va _____ porter pour le collège.

5 Raj trouve <u>ce pantalon</u> démodé alors il ne _____ porte plus.

6 <u>Cette jupe</u> est trop longue alors je vais _____ échanger.

7 Quand <u>je</u> porte des vêtements sans marque mes copains _____ ignorent.

8 Est-ce que ton petit ami _____ humilie quand <u>tu</u> n'es pas bien habillée?

9 Je voudrais <u>ces baskets</u> mais je n'ai pas les moyens de _____ acheter.

10 Si <u>nous</u> portons de vieux vêtements nos amis prétendent qu'ils ne _____ voient pas.

la l' les nous t' les m' la l' le

2 Rearrange the words to make meaningful sentences.

1 copains ne traitent mes minable de je pas car me fume

2 cette super où la je jupe as-tu trouve acheté

3 puis fumer à des vole me Cédric cigarettes les force il

4 quand me porte pas de on vêtements voit vieux ne je

5 des porte sortir j'achète les pour tee-shirts et Nike je

6 je m'ont aidés les parents ai donné de mes l'argent car

7 a sa Omar les CD mis des poche pris a dans et

8 Karima l'a moqué il de et insultée s'est il

9 mais j'ai pas ne tee-shirts les commandé des reçus ai je

10 vus avons classe nous le triché en nous mais a prof

3 First underline the direct object in the questions. Then answer the questions with the appropriate direct object pronouns. Remember to make the past participle agree when necessary.

1 Est-ce qu'ils ont utilisé l'Internet récemment? Oui, …

2 As-tu entendu sa nouvelle chanson? Oui, …

3 Est-ce qu'il a téléchargé les derniers épisodes? Oui, …

4 Est-ce qu'on vous a sélectionnés pour l'émission? Oui, …

5 Est-ce qu'elle a fini ses blogs? Oui, …

6 As-tu vu le dernier épisode de *Loft Story*? Non, …

7 As-tu raté ton émission préférée? Non, …

8 Ont-ils publié leurs propres vidéos? Non, …

9 Est-ce qu'il t'a reconnu à la télévision? Non, …

10 Est-ce qu'on vous a payés pour votre participation? Non, …

4 Circle the correct indirect object pronoun to complete the answers to the questions.

1 As-tu téléphoné à Kim et Yasmina? Oui, je <u>les / leur / lui</u> ai téléphoné.

2 Vas-tu nous expliquer ce qui se passe? Oui, je vais <u>vous / t' / m'</u> expliquer.

3 As-tu demandé à tes copains? Non, je n'ose pas <u>lui / leur / les</u> demander.

4 Ton père est d'accord? Nous allons <u>le / lui / te</u> demander.

5 Je n'ai pas vu Sophie mais je <u>lui / la / l'</u> ai parlé.

6 J'attends. Est-ce que tu vas <u>nous / me / lui</u> répondre?

7 Il ne sait pas. On ne <u>le / l' / lui</u> a rien dit.

8 Ils doivent aller chez elle car ils veulent <u>la / leur / lui</u> parler.

9 Elle m'a regardée mais elle ne <u>lui / t' / m'</u> a pas parlé.

10 Est-ce qu'il nous rendra l'argent? Oui, il <u>lui / me / vous</u> rendra l'argent.

5 Translate into English. Each sentence contains a direct or indirect object pronoun. Write whether the pronoun is direct (D) or indirect (I).

1 Il m'a écrit.
2 Allez-vous lui dire?
3 Ils nous ont ridiculisés devant nos amis.
4 Je les ai aidés à télécharger de la musique.
5 Elle ne nous a pas parlé.
6 J'ai entendu sa dernière chanson mais je ne l'ai pas aimée.
7 Nous ne voulons pas leur demander.
8 On attend sa réponse et on espère l'avoir bientôt.
9 Je te pose une question.
10 Il a acheté un CD et il l'a donné à son frère.

6 Answer the questions, replacing the underlined words with direct or indirect object pronouns. Make the past participle agree when necessary.

1 Est-ce que tu prêtes souvent <u>tes CD</u> <u>à ta sœur</u>? Oui, …
2 Va-t-elle bientôt donner <u>sa réponse</u>? Oui, …
3 Est-ce que tu as acheté <u>son dernier disque</u>? Oui, …
4 Est-ce qu'ils ont entendu <u>sa dernière chanson</u>? Non, …
5 Est-ce que tes parents <u>te</u> donne de l'argent? Oui, …
6 Est-ce qu'elle a dit la vérité <u>à sa mère</u>? Non, …
7 Est-ce qu'il a dit des choses horribles <u>à ses parents</u>? Oui, …
8 Est-ce qu'ils ont expliqué <u>le problème</u> <u>à leur prof</u>? Oui, …
9 As-tu demandé <u>la raison</u> <u>à ton petit ami</u>? Non, …
10 Avez-vous envoyé <u>les invitations</u> <u>à vos copains</u>? Oui, …

7 Complete the email with the correct direct and indirect object pronouns.

Chère Sam,

J'ai essayé de (1) _____ téléphoner hier mais tes parents (2) _____ ont dit que tu n'étais pas là. J'ai une bonne nouvelle à (3) _____ annoncer. Je vais faire une boum et je veux (4) _____ inviter, et aussi j'espère que tu (5) _____ aideras à (6) _____ organiser. Mes parents sont d'accord mais j'ai eu du mal à (7) _____ persuader. Je (8) _____ ai promis qu'il n'y aurait pas de problèmes et qu'ils peuvent (9) _____ faire confiance. Est-ce que tu peux (10) _____ téléphoner ce soir?
Grosses bises.

Céline

8 Translate into French.

1 She phoned me.
2 We (*nous*) are going to send them tomorrow.
3 It is my favourite programme, I watch it every day.
4 I don't want to tell them.
5 She bought the book yesterday and she has already finished it.
6 I did not answer her.
7 They (*m.*) saw her on television last night.
8 Are they (*m.*) going to ask me?
9 They (*f.*) often give me some money.
10 He does not like us.

17 • Le futur
(The future tense)

The future tense is used to express 'will (do)' or 'shall (do)'.

In conversation the present tense of *aller* + infinitive is also used to express an action or event which will take place in the near future (see p. 30), e.g. *Je vais arrêter de fumer demain*.

The future tense is formed from **a stem** and **an ending**.

- For regular **-er** and **-ir** verbs, the stem is the infinitive of the verb, e.g. *jouer-, finir-*.
- For regular **-re** verbs, drop the *-e* from the infinitive, e.g. *vendr-*

  After the stem, add the following endings:

je	**-ai**	nous	**-ons**
tu	**-as**	vous	**-ez**
il/elle/on	**-a**	ils/elles	**-ont**

  Je trouverai une solution. Elle choisira un autre emploi. Il prendra sa retraite.

  A number of verbs have irregular stems.
- The three most common are:

avoir	**aur-**
être	**ser-**
aller	**ir-**

  *La vie **sera** plus facile. Il y **aura** moins de pollution. Nous **irons** en Espagne.*
- Other irregular future stems will be covered in section 23, p. 54.
- Note that verbs like **acheter** and **espérer, essayer** and **employer** have a small spelling adjustment.

  achèter-   *J'achèterai plus de CD.* (I will buy more CDs.)
  essaier-   *Il essaiera de venir.* (He will try to come.)

1a Complete the future tense of each verb.

1 J'étudier_____

2 Ils finir_____

3 Vous prendr_____

4 Cela prouver_____

5 Nous lutter_____

1b Fill in the gaps with the future tense of the verbs in brackets.

6 Mes amis _____ (divorcer) sans doute.

7 Nous _____ (acheter) son nouveau CD.

8 Laïla _____ (se marier) bientôt.

9 Est-ce que tu _____ (essayer)?

10 Je _____ (répondre) à leur invitation.

2 Match the English and French verbs.

1 I will have ☐   A elles seront

2 we will be ☐   B tu seras

3 she will buy ☐   C on ira

4 they will go ☐   D j'achèterai

5 there will be ☐   E j'aurai

6 you will be ☐   F ils essaieront

7 they will try ☐   G il y aura

8 we will go ☐   H elle achètera

9 I will buy ☐   I nous serons

10 they will be ☐   J ils iront

AS November

3 Write the missing words. Use the future tense of verbs from the box.

1 Les gens _____ plus vite et plus loin.

2 Je _____ sans doute chez moi.

3 Est-ce que les jeunes _____ autant?

4 On _____ plus de maladies.

5 Est-ce que le gouvernement _____ contre le terrorisme?

6 Les transports aériens _____ de plus en plus cher.

7 Nous _____ la vie de beaucoup plus de gens.

8 On _____ le niveau de vie dans les pays en voie de développement.

9 Est-ce que vous pensez que vous _____ mieux?

10 Cela nous _____ la vie plus facile.

travailler	coûter	guérir	sauver	lutter
étudier	vivre	rendre	voyager	améliorer

4 Rewrite the sentences in the future tense.

On va accorder plus d'importance au PACS.
On accordera plus d'importance au PACS.

1 Vous pensez que vous allez trouver le grand amour?

2 Je vais finir par trouver ma partenaire idéale.

3 On ne va pas vivre en union libre.

4 Nous allons avoir beaucoup d'enfants.

5 Rachid et moi on va s'aimer pour la vie.

6 Elle va bientôt laisser tomber son petit ami.

7 On m'a dit que tu vas aller vivre à l'étranger l'année prochaine.

8 Elle est triste car son frère va sans doute divorcer.

9 Est-ce que tu vas souffrir de la séparation de tes parents?

10 Il va finir tout seul s'il continue comme ça.

5 Write whether each sentence is in the present (P) or future (F) tense. Rewrite each present tense sentence in the future tense, and vice versa.

1 J'évite de me servir de ma voiture.

2 Mes parents s'aiment toujours.

3 J'aurai un bon emploi.

4 Mon frère ne prend plus de drogue.

5 Le nombre de chômeurs augmentera.

6 Les jeunes discuteront de leurs problèmes avec leurs parents.

7 On vaccine plus de gens contre des virus mortels.

8 Nous chercherons des solutions au réchauffement de la planète.

9 Vous payez plus d'impôts.

10 Nous luttons plus efficacement contre le terrorisme.

6a Translate into English.

1 Les jeunes ne se marieront plus.

_____

2 Est-ce que tu penses que tu trouveras ton partenaire idéal?

_____

3 Je finirai par résoudre mon problème.

_____

4 On trouvera un remède contre le sida.

_____

5 Je crois qu'à l'avenir les inégalités sociales augmenteront.

_____

6b Translate into French.

6 I think that we (*on*) shall live better.

_____

7 Do you (*tu*) think that you will earn a lot of money?

_____

8 We (*nous*) will improve technology in the 21st century.

_____

9 People will no longer use their cars.

_____

10 I shall find a well-paid job.

_____

18 • L'imparfait
(The imperfect tense)

The imperfect tense describes habits, states of being or incomplete actions in the past, when you're not focusing on when they started or finished or how long they lasted.

Use the imperfect tense:

A to describe **a repeated action** or a habit (I used to …), e.g. *Quand j'étais petite, **je jouais** à la poupée.* (When I was young, I used to play with dolls.)

B to describe **an ongoing action** (I was … ing), often combined with the perfect tense, e.g. ***Je faisais** des recherches sur Internet quand il y a eu une panne d'électricité.* (I was doing some research on the Internet when there was a power cut.)

C to describe **physical attributes** (age, appearance) or **emotional state** (feelings) or to give **opinions**, e.g. *Quand **j'avais** dix ans, **j'étais** très heureux.*

D to give **background information** (time, weather) e.g. *Comme **il neigeait**, on a fait une bataille de boules de neige.*

E to express **wishes**: *Si (seulement) …* (if only) or to make a **suggestion**: *Si …* (If), e.g. ***Si seulement j'avais** dix-sept ans, je pourrais apprendre à conduire!* (If only I were seventeen, I would be able to learn to drive!) *Et **si on allait** au cinéma ce week-end?* (How about going to the cinema this weekend?)

To **form** the imperfect tense of a verb:

1 Take the ***nous* form** of the verb in the present tense, e.g. *finir* ➔ *nous finissons.*
2 **Take off the ending** to produce the imperfect stem, e.g. *Nous finissons* ➔ *finiss-.*
3 Add the imperfect endings to the stem: ***-ais, -ais, -ait, -ions, -iez, -aient**.*

	jou**er** (nous jou~~ons~~ ➔ jou-)	vend**re** (nous vend~~ons~~ ➔ vend-)	fin**ir** (nous finiss~~ons~~ ➔ finiss-)	étud**ier** (nous étudi~~ons~~ ➔ étudi-)	voya**ger** (nous voyage~~ons~~ ➔ voyage-)	commen**cer** (nous commençons ➔ commenç-)	être (ét-)
je/j'	jou**ais**	vend**ais**	finiss**ais**	étudiais	voyage**ais**	commenç**ais**	**ét**ais
tu	jou**ais**	vend**ais**	finiss**ais**	étudiais	voyage**ais**	commenç**ais**	**ét**ais
il/elle/on	jou**ait**	vend**ait**	finiss**ait**	étudiait	voyage**ait**	commenç**ait**	**ét**ait
nous	jou**ions**	vend**ions**	finiss**ions**	étud**ii**ons	voya**g**ions	commen**c**ions	**ét**ions
vous	jou**iez**	vend**iez**	finiss**iez**	étud**ii**ez	voya**g**iez	commen**c**iez	**ét**iez
ils/elles	jou**aient**	vend**aient**	finiss**aient**	étudiaient	voyage**aient**	commenç**aient**	**ét**aient

Note the spelling of verbs whose **stems end in *i*** (e.g. *-ier* and *-ire* verbs*),* and those in **-cer** and **-ger**.

Être is the only verb with an irregular stem in the imperfect: ***ét-**.*

1 Complete the verbs in the imperfect tense.

1 il jou_____
2 nous vend_____
3 elles finiss_____
4 j'habit_____
5 tu attend_____
6 elle choisiss_____
7 on ét_____
8 vous fais_____
9 je voyag_____
10 nous commen_____

2 Underline the present-tense verb in each sentence. Write the *nous*-form of the present tense of the verb. Finally rewrite the sentences in the imperfect tense.

J'adore les jeans.
Nous adorons. J'adorais les jeans.

1   Je porte des vêtements neufs.
2   Tu aimes les vêtements à la mode.
3   On choisit des accessoires.
4   Vous remplissez votre caddie.
5   Elles rendent trois articles.
6   Il a un style particulier.
7   Elle veut suivre la mode.
8   Je prends les affaires de ma sœur.
9   Ils vont à un défilé de mode.
10 Tu te maquilles tous les jours.

3 Rewrite the sentences starting with the subject pronouns provided.

1   Il pensait qu'il était à la mode. Je …
2   Nous trouvions que suivre la mode ça coûtait cher. Tu …
3   J'imitais le style de son chanteur préféré. Il …
4   Tu cherchais un style. Nous …
5   Elle obéissait à la mode. Vous …
6   On grossissait parce qu'on mangeait trop de gâteaux et de chocolat. Ils …
7   Vous mincissiez pour être mieux. Tu …
8   Elles attendaient la nouvelle collection de Jean-Paul Gaultier. Nous …
9   Nous pouvions acheter des vêtements de marque. On …
10 Tu t'habillais comme mes copains. Je …

4 Write the *je* and *nous* form of the imperfect of these verbs, which end in -*ger*, -*cer*, -*ire* or -*ier*. Pay attention to the spelling.

1   manger
2   échanger
3   copier
4   commencer
5   ranger
6   photographier
7   remplacer
8   partager
9   rire
10 avancer

5 Fill in the gaps with the imperfect tense of the verbs in brackets.

1   Quand nous étions au lycée nous _____ (*porter*) un jean tous les jours.
2   Et si on _____ (*aller*) faire les magasins samedi prochain?
3   Justine _____ (*détester*) les habits que sa mère lui achetait.
4   Quand il _____ (*neiger*), on mettait nos combinaisons de ski pour faire de la luge.
5   Ils _____ (*être*) très contents d'avoir trouvé un costume pour le carnaval.
6   Vous _____ (*essayer*) des vêtements dans la cabine quand votre téléphone a sonné.
7   Sabrina a lavé ses chaussures car elles _____ (*être*) sales.
8   Si seulement je _____ (*pouvoir*) perdre quelques kilos!
9   Quand tu _____ (*avoir*) 14 ans tu portais des vêtements grunge.
10 Il _____ (*être*) six heures et demie quand le défilé de mode a commencé.

6 Match each sentence F in exercise 5 to the point (A–E) in the grammar box that it illustrates.

7 Complete the text with the imperfect tense of verbs from the box.

Quand j' (1) _____ 13 ans je
(2) _____ les vêtements que ma mère
(3) _____ pour moi. Je (4) _____
des vêtements de marque mais j'
(5) _____ des vêtements de ma grande
sœur. Au collège ils (6) _____ que j'avais
l'air ridicule et ils (7) _____ de moi. Alors
quand je (8) _____, j'achetais en cachette
des vêtements avec mon argent de poche. Quand
j' (9) _____ à l'école, je (10) _____
dans les toilettes.

ne pas aimer   se changer   vouloir   pouvoir
dire   choisir   rire   hériter   arriver   avoir

19 • Les pronoms emphatiques
(Emphatic pronouns)

Emphatic pronouns are used for emphasis.

The emphatic pronoun is used:

moi	me	nous	us
toi	you	vous	you
lui	him	eux	them (masculine)
elle	her	elles	them (feminine)
soi	(related to on)		

A **for emphasis**, where people are singled out or contrasted, e.g. *Moi, je préfère les feuilletons.* (**I** prefer soaps./I prefer soaps **myself**.) *Et toi, qu'est-ce que tu veux?* (And **you**, what do you want?)

B **on its own,** answering a question, e.g. *Qui a vu ce film? Moi.*

C **after c'est,** often before **a relative pronoun** (*qui, que, dont* – see p. 32), e.g. *C'est elle que je vais inviter. C'est lui qui me l'a dit.* (It's **he/him** who told me./**He**'s the one who told me.)

Ce sont is used with *eux* and *elles*, e.g. *Ce sont eux.* (It is they./It's them.)

D **with a preposition** such as *avec, de, pour, chez, entre, comme, malgré, pour, sans* and *selon*, e.g. *avec moi* (with me), *chez toi* (to/at your house), *pour lui* (for him).

E with *même* meaning 'self', hyphenated, e.g. *Je l'ai fait moi-même.* (I did it **myself**.) *On peut y participer soi-même.* (We can take part **ourselves**.)

F in **double subjects**, e.g. *Mon frère et moi avons détesté l'émission.* (My brother and **I** hated the programme.)

G in **comparisons** after *que*, e.g. *Il est plus grand que moi.* (He is taller than **I/me**.) See section 21, p. 49.

---

1 Fill in the gaps with the correct emphatic pronouns from the box.

1 _____, je ne regarde jamais la télé.

2 _____, elle sort tous les soirs.

3 _____, nous préférons les émissions de télé-réalité.

4 _____, elles se disputent tout le temps.

5 _____, tu ne fais jamais rien.

6 _____, vous êtes d'accord, n'est-ce pas?

7 _____, on n'a rien compris.

8 _____, tu commences à m'énerver.

9 _____, ils attendent toujours.

10 _____, il a préféré sortir.

lui	elles	eux	nous	toi	moi
	toi	vous	nous	elle	

2 Replace the underlined words with emphatic pronouns.

1 Il est allé chez Sofia.

_____

2 Elles vont voter pour Saïd.

_____

3 Selon ma mère, c'est du voyeurisme.

_____

4 Comme mes copains, j'aime regarder *Loft Story*.

_____

5 Je l'ai choisi pour mon petit ami.

_____

6 Il est sorti avec ses copines.

_____

7 Elle parle comme ses parents.

_____

8 Sans mes copines, c'est impossible.

_____

9 Entre Marc et Claire, c'est maintenant le grand amour.

_____

10 Je ne veux pas me disputer avec ma petite amie.

_____

3a Rewrite the sentences in the singular.

1 Elles se sont moquées de nous.
_____

2 Ce sont eux qui l'ont cassé.
_____

3 Nous, nous n'en avons pas les moyens.
_____

4 Vous l'avez fait vous-mêmes?
_____

5 Ce sont elles qui nous l'ont appris.
_____

3b Rewrite the sentences in the plural.

6 Il s'est disputé avec elle.
_____

7 Moi, je ne regarde jamais ça.
_____

8 C'est lui qui me l'a dit.
_____

9 Je suis plus la mode que toi.
_____

10 Il ne veut plus sortir avec moi.
_____

4 Rearrange the words to make sentences and give each sentence the letter (A–E) from the grammar box that indicates which type of usage it shows.

est le lui dernier à toujours il arriver
Lui, il est toujours le dernier à arriver. (A)

1 a qui tout lui expliqué c'est nous
2 ne plus je moi regarder veux ça
3 de moins toi télécharge que je musique
4 je viens pas alors sortir ne chez peux moi
5 la sommes vous que mode plus à nous
6 souvent on avec nous se elle dispute
7 est de elle faire fière pouvoir elle-même
8 de refusé ma et lui répondre moi avons copine
9 ont ce argent sont volé qui eux mon
10 avec ils se car veulent ne drogue lui il sortir pas

5 Answer the questions positively, replacing the underlined elements with emphatic pronouns.

1 Tu discutes avec tes parents? Oui, …
2 Est-ce que tu viens chez moi ce soir? Oui, …
3 Ce sont les sœurs d'Ahmed? Oui, …
4 C'est un CD pour moi?
5 Est-ce que tu sors toujours avec Ben?
6 Je m'ennuie à mourir. Toi aussi?
7 Est-ce que tu es plus âgé que ton frère?
8 Est-ce que c'est ta petite amie?
9 Est-ce que c'est toi qui l'as cassé?
10 Tu t'entends bien avec ta mère?

6a Translate into English.

1 C'est moi qui l'ai acheté.
_____

2 Moi, je ne sais rien mais toi, tu sais toujours tout.
_____

3 Toi et moi, nous nous entendons si bien.
_____

4 Elle restera chez elle avec lui.
_____

5 Qui a entendu ce CD? Moi.
_____

6b Translate into French using emphatic pronouns.

6 He did not say anything.
_____

7 Your (tu) brother and I are old friends.
_____

8 They (m.) are the ones who are going to win.
_____

9 Who saw this programme? We did.
_____

10 We (nous) work more than you (pl.).
_____

20 • Les adverbes
(Adverbs)

Adverbs give additional information about the adjectives, verbs or adverbs they qualify (e.g. how, when, how often or where). They are invariable (they never change).

There are different categories of adverbs:

- quantifier/intensifiers, e.g. *assez, beaucoup, trop, pas mal, peu, extrêmement*.
- time, e.g. *aujourd'hui, hier, demain, tout de suite, actuellement*.
- frequency, e.g. *toujours, parfois, de temps en temps, jamais, rarement*.
- sequence, e.g. *d'abord, ensuite, après, alors, finalement*.
- place, e.g. *ici, là, ailleurs, dehors, loin, nulle part, partout*.
- manner, e.g. *vite, bien, mal, ensemble, apparemment, rapidement*.

Most adverbs expressing manner end in -**ment**. Form them from adjectives:

- When the adjective **ends in a vowel, just add -*ment***, e.g. *vrai* ➤ *vraiment* (except: *gaiement*).
- When the adjective **ends in a consonant, take the feminine form and add -*ment,*** e.g. *heureuse* ➤ *heureusement*. Make sure you know how to form the feminine of adjectives (see p. 6).
- When the adjective **ends in -*ent,*** replace -*ent* with -**emment**, e.g. *récent* ➤ *récemment* (pronounced 'race-ammon') (except: *lent* ➤ *lentement*).
- When the adjective **ends in -*ant,*** replace -*ant* with -**amment,** e.g. *méchant* ➤ *méchamment*.
- *e* ➤ *é* for: *profond, précis, énorme, immense, intense, commun, aveugle*, e.g. *précis* ➤ *précisément*.
- **irregular adverbs**: *gentil* ➤ *gentiment, bon* ➤ *bien, meilleur* ➤ *mieux, mauvais* ➤ *mal, bref* ➤ *brièvement, grave* ➤ *grièvement*

There are rules to help you position adverbs correctly in the sentence.

Adverb ...	Position	Example
+adjective	before the adjective	*Elle est **très** attentive.*
+ verb	after the verb	*Il écoute **attentivement**.*
	after the negation	*Il n'écoute pas **attentivement**.*
	at the beginning or at the end of the sentence if it is a long adverb	***Généralement** il écoute **attentivement**.*
	after the past participle if it is a long adverb	*Il a écouté **attentivement**.*
	before the past participle if it is a short adverb (e.g. *bien, mal, vite, déjà, encore, toujours*)	*Il a **bien** écouté.*
+ adverb	quantifier/intensifier before other adverbs	*On lit **très attentivement**.* *On parle **relativement bien**.*

1 Match the adjectives to the corresponding adverbs from the box.

1 rapide _____
2 secret _____
3 sûr _____
4 successif _____
5 soigneux _____
6 élégant _____
7 évident _____
8 bon _____
9 mauvais _____
10 meilleur _____

> secrètement   bien   soigneusement
> successivement   élégamment   sûrement
> évidemment   mal   rapidement   mieux

2 Write the feminine form of the adjective, followed by the adverb.

	particulier	particulière	particulièrement
1	normal	_____	_____
2	exact	_____	_____
3	certain	_____	_____
4	complet	_____	_____
5	actif	_____	_____
6	naturel	_____	_____
7	heureux	_____	_____
8	léger	_____	_____
9	spécial	_____	_____
10	discret	_____	_____

3 Fill in the gaps with adverbs formed from the adjectives in brackets. Translate the sentences into English.

1 _____ je me confie à ma meilleure amie. *(général)*
2 Rentre à la maison _____. *(immédiat)*
3 Il faut qu'on parle _____. *(franc)*
4 Écoute-moi _____. *(attentif)*
5 Il faut que tu travailles plus _____. *(sérieux)*
6 On a parlé _____ de mes problèmes. *(long)*
7 Ma belle-mère me parle _____. *(sec)*

8 J'aimerais qu'elle me parle plus _____. *(doux)*
9 Il faut qu'il arrête de vivre _____. *(dangereux)*
10 Il y a _____ une explication à ton comportement. *(sûr)*

4a Fill in the adjective on which the adverb is based.

1 rarement _____
2 réellement _____
3 vraiment _____
4 spontanément _____
5 gentiment _____

4b Fill in the adverb formed from the adjective.

6 simple _____
7 poli _____
8 absolu _____
9 gai _____
10 lent _____

5a Fill in the gaps with adverbs, ending in *-emment* or *-amment*, formed from the adjectives in brackets

1 Sacha doit se comporter _____ *(différent)* en classe.
2 Stéphane a été _____ *(violent)* attaqué à la sortie du lycée.
3 Farah est _____ *(constant)* harcelée par des jeunes de son quartier.
4 Salomé a répondu _____ *(intelligent)* quand elle a été insultée dans la cour.
5 _____ *(récent)* Jérôme a été victime de racket.

5b Fill in the gaps with the most appropriate adverbs formed from the adjectives in the box.

6 _____ la bande de Jérémy a été arrêtée pour trafic de drogue.
7 Naomi s'habille _____ pour aller sur son lieu de stage.
8 Matisse choisit _____ ses fréquentations.
9 La police a maintenant _____ de preuves pour arrêter les coupables.
10 L'éducateur de rue fait _____ de la prévention dans notre quartier.

> suffisant   élégant   fréquent   apparent   prudent

6 Circle the odd one out and explain your choice.

1 avant-hier hier aujourd'hui demain très après-demain

2 rapidement doucement rarement lentement vite

3 d'abord ensuite après enfin actuellement finalement

4 récemment extrêmement assez trop peu presque

5 près nulle part loin ailleurs partout bien

6 peut-être probablement souvent vraisemblablement certainement

7 tôt mal tard dernièrement maintenant aussitôt

8 brutalement gentiment sérieusement mieux facilement toujours

9 pire aussitôt tout d'un coup soudainement par la suite avant

10 tellement très énormément complètement moins jamais

7a Fill in the adverbs that correspond with the adjectives. Translate them into English.

1 simple _____

2 profond _____

3 aveugle _____

4 conscient _____

5 énorme _____

7b Translate the adverbs into French. Use a dictionary if necessary.

6 daily _____

7 easily _____

8 eventually _____

9 regularly _____

10 currently _____

8 Complete the text with the adverbs from exercise 7.

La Maison de Quartier de Nantes a (1) _____ reçu le financement nécessaire pour organiser un groupe de parole pour les jeunes du quartier St. Michel. (2) _____ trente jeunes viennent (3) _____ parler de leurs problèmes ou tout (4) _____ écouter ceux des autres. Certains racontent comment ils sont (5) _____ soumis à la pression d'un groupe, au racket ou à des violences physiques et morales. Généralement ce sont des jeunes qui souffrent (6) _____ car ils ont (7) _____ de problèmes avec leur famille, l'école, voire la police, parce qu'ils sont (8) _____ influençables et qu'ils ont suivi (9) _____ leurs «amis». Finalement, ils ont (10) _____ pris la décision de s'en sortir.

9 Find in the box the opposite of each adverb below.

1 difficilement   6 premièrement

2 demain   7 bien

3 toujours   8 mieux

4 rarement   9 avant

5 rapidement   10 tôt

| hier souvent finalement jamais mal |
| lentement pire tard facilement après |

10 Rewrite the sentences below, including the adverbs in brackets. Think carefully about word order. Translate your sentences into English.

1 Djemila est habillée. *(bien)*

2 Nassim a pris la défense des plus faibles. *(toujours)*

3 Lorenzo n'est pas influençable. *(très)*

4 Samir se sent dans son nouveau lycée. *(mieux)*

5 Mathieu se tient à l'écart de certains groupes de jeunes. *(consciemment)*

2I • Le comparatif et le superlatif
(The comparative and superlative)

Le comparatif (The comparative)

The comparative is used to compare two things or people. It may focus on adjectives, adverbs or nouns.

The most common pattern for **adjectives** is:

- *plus* + adjective + *que/qu'* (more ... than)
- *moins* + adjective + *que/qu'* (less ... than)
- *aussi* + adjective + *que/qu'* (as ... as)

Note that the adjective agrees with the preceding noun or pronoun, e.g. *Elle est **plus** connectée **que** son père.* (She is **more** technologically aware **than** her father.) *La communication est **moins** compliquée qu'avant.* (Communication is less complicated than before.)

Adjectives such as *bon* and *mauvais* are **exceptions** to the above rules.

- ***Bon*** has an irregular form for the comparative: ***meilleur***, e.g. *Le deuxième film est **meilleur** que le premier.*
- ***Mauvais*** has both regular and irregular forms: ***plus mauvais*** and ***pire***. In everyday French *plus mauvais* is now more widely used, e.g. *Son deuxième film est **pire** que le premier./Son deuxième film est **plus mauvais** que le premier.*

Adverbs can be compared in the same way as adjectives with the use of *plus ...que/moins ...que/aussi ... que*, e.g. *Maintenant, les gens communiquent **plus** facilement **qu'**avant.*

The adverb is always **invariable** (does not agree).

The comparative adverb for ***bien*** (well) is ***mieux***, e.g. *Il travaille bien mais je travaille **mieux** que lui.*

Note that the comparative for *mal* used to be *pis*. This usage is old-fashioned and *plus mal* is now used, e.g. *Elle travaille mal mais je travaille **plus mal** qu'elle.*

Comparisons with *plus ...que/moins ... que* can also be used with **nouns**, to compare quantities.

Autant ... que is used instead of *aussi ...que*, e.g. ***Autant de*** garçons **que** de filles ont un ordinateur. (As many boys as girls have a computer.)

Add ***de*** before the noun, e.g. *Plus **de** gens utilisent l'Internet aujourd'hui. Moins **de** garçons ont un blog que des filles. Autant **de** jeunes qu'avant achètent des magazines.*

Le superlatif (The superlative)

The superlative is used to describe the most or the least of more than two things.

- the most (+ adjective) = *le/la/les plus* + adjective
- the least (+ adjective) = *le/la/les moins* + adjective

The definite article and the adjective must agree with the noun they refer to.

A superlative is usually followed by *du/de la/de l'/des*, e.g. *Le plus intelligent **du** groupe. La plus petite **des** trois.* Before the name of a country, *de/d'* should be used, e.g. *C'est le chanteur le plus connu **de** France.*

If an adjective precedes the noun (see p. 4), its superlative form does as well, e.g. *C'est une grande invention.* → *C'est **la plus grande** invention du siècle.*

When the adjective follows the noun, so does the superlative, e.g. *C'est une émission intéressante.* → *C'est l'émission **la plus intéressante** de la soirée.*

1 Fill in the gaps with correct comparatives from the box.

1 La communication est _____ qu'avant.

2 Les textos sont _____ que les e-mails.

3 Les transports sont _____ qu'il y a 50 ans.

4 Les parents sont _____ que leurs enfants.

5 L'Internet est _____ que les livres.

6 Les lettres sont _____ que les courriels.

7 Les achats en ligne sont _____ que les achats en magasin.

8 Les courriers électroniques sont _____ que les textos.

9 Mon nouvel ordinateur est _____ que le précédent.

10 Ma sœur est _____ que moi.

> meilleure   aussi connectée   plus rapides
> meilleur   moins chers
> moins rapides   plus chers   aussi populaires
> moins connectés   plus populaire

2 Complete the sentences with the correct comparatives translated from the English in brackets. Remember to make the adjective agree where necessary.

1 Les vêtements de marque sont _____ _____ (more expensive than) les vêtements des grandes surfaces.

2 Les cigarettes sont _____ _____ (as dangerous as) la drogue.

3 La communication est _____ _____ (less complicated than) avant.

4 La protection de l'environnement est _____ _____ (more important than) il y a 20 ans.

5 La technologie est _____ _____ (more advanced than) il y a 10 ans.

6 L'Internet est _____ (more dangerous than) au début.

7 Les blogs sont _____ _____ (less popular with boys than) avec les filles.

8 Les filles sont _____ (as connected as) les garçons.

9 Mon courriel sera _____ _____ (longer than) mon texto.

10 Mon i-pod est _____ (less expensive than) mon ordinateur.

3 Match the sentence halves. Translate the complete sentences.

1 Il y a plus de criminalité qu' ☐
2 Il espère gagner autant ☐
3 On devrait accorder plus ☐
4 Si on ne protège pas l'environnement ☐
5 Mes parents voudraient payer moins ☐
6 On doit essayer de ☐
7 J'espère que bientôt il y aura ☐
8 À mon avis, les jeunes auront ☐
9 De nos jours, moins ☐
10 Je pense qu'il y aura ☐

A d'argent que ses parents.
B d'importance à la pollution.
C autant de chômage que maintenant.
D au siècle dernier.
E guérir plus de maladies graves.
F il y aura plus de désastres naturels.
G de gens voient l'avenir avec optimisme.
H plus de problèmes de santé que leurs parents.
I moins de pauvreté dans le monde.
J d'impôts à l'avenir.

4 Read the sentences and write V (*vrai*) or F (*faux*). Correct the false sentences by replacing *plus*, *moins*, *aussi* or other comparatives.

1 On écoute moins attentivement quand on est distrait. ☐
2 On travaille plus dur pendant les vacances. ☐
3 On mange plus mal qu'il y a 20 ans. ☐
4 On répond moins rapidement quand on hésite. ☐
5 On apprend mieux quand on est fatigué. ☐
6 On ne lit pas aussi couramment quand on apprend. ☐
7 On voyage moins vite qu'en 1900. ☐
8 On réagit moins gentiment quand on est en colère. ☐
9 On vit moins longtemps qu'au siècle dernier. ☐
10 On parle plus clairement quand on est ivre. ☐

5 Rearrange the words to make sentences. Each one contains a superlative.

1 garçon le lycée c'est beau plus du
2 les achète il vêtements toujours plus les chers
3 sort filles avec belles de plus il l'école les
4 meilleur notre c'est groupe le danseur de
5 c'est le classe de cours l'élève en travailleur moins la
6 les copains disciplinés élèves les tous ses sont moins de
7 les pire profs que lycée pensent du élève le c'est
8 sont stricts quartier parents moins ses du les
9 réputation a plus il groupe de la mauvaise son
10 cher rêve mon le petite de c'est plus sa devenir amie

6 Complete the comparative sentences with information from the table.

	Corinne	Mustapha	Cédric	Sarina
Âge	26 ans	24 ans	32 ans	35 ans
Taille	1,60m	1,70m	1,65m	1,55m
Poids	50kg	90kg	70kg	60kg
Salaire	1900€	1870€	1820€	2770€

1 Corinne gagne _____ argent _____ Mustapha.
2 Cédric est _____ vieux _____ Corinne.
3 Mustapha est _____ jeune _____ quatre.
4 Mustapha est _____ lourd _____ Sarina.
5 Mustapha est _____ grand _____ quatre.
6 Cédric gagne _____ argent _____ Corinne.
7 Sarina est _____ petite _____ quatre.
8 Cédric est _____ lourd _____ Corinne.
9 Cédric gagne _____ argent _____ quatre.
10 Mustapha est _____ lourd _____ quatre.

7 Translate into French.

1 Young people write more blogs than their parents.
2 As many boys as girls use the Internet.
3 The Internet is more dangerous than (it was) 10 years ago.
4 A text costs more than an email.
5 The most important thing is to communicate.
6 Nowadays, more people do their shopping online than in shops.
7 It is the easiest way to do your shopping.
8 More girls than boys watch *Loft Story*.
9 It is the best-known reality show on television.
10 Fewer people read today than 50 years ago.

22 • Le passé composé et l'imparfait
(The perfect and the imperfect)

The perfect (see pp. 20 and 23) and the imperfect (see p. 42) are both key tenses for telling a story in the past. Knowing which one to use may be tricky. To help you decide, imagine the story as a film. Use the imperfect tense to describe the scenery and the atmosphere and use the perfect tense to describe what happens – the plot – and changes in the situation and feelings.

If you can answer 'yes' to the following questions, use the **perfect tense**, e.g *j'ai joué* (I have played, I played)	If you can answer 'yes' to the following questions, use the **imperfect tense**, e.g. *je jouais* (I was playing, I used to play)
• Is the action seen as complete?	• Is the action seen as incomplete?
• Do you know when it started or finished, or if it happened at a particular time?	• Did it occur over a period of time?
• Was it a specific event?	• Was it a past habit?
• Did it interrupt or could it have interrupted another action?	• Was it interrupted or could it have been interrupted by another event?
• Does it indicate a change in a situation or feeling?	• Are you describing, giving physical and emotional information?
• Can you use time phrases such as: *un jour, brusquement, immédiatement, d'abord, puis, ensuite, enfin, tout à coup/soudain* (suddenly)?	• Can you use time phrases such as: *tous les jours, chaque jour, généralement, d'habitude, toujours, rarement*?

1 Find 10 verbs in the perfect tense and 10 verbs in the imperfect tense. Write them in the correct columns.

jetéléphonaisjaijouéjefinissaisjaifaitjallaisjejouais
jesuisalléjaitéléphonéjattendaisjaiprisjaifinijavais
jefaisaisjevoulaisjaiattendujaieujeprenaisjétaisjai
voulujaiété

Infinitives	Perfect	Imperfect
jouer		
téléphoner		
finir		
attendre		
faire		
avoir		
être		
aller		
prendre		
vouloir		

2 Circle the verbs in the correct tense.

1 Quand on était jeunes on <u>a été / était</u> heureux.

2 Stéphanie <u>est née / naissait</u> le 25 mai.

3 Quand on <u>n'a pas eu / n'avait pas</u> encore Internet, je faisais mes recherches à la bibliothèque.

4 Ils étaient très amoureux, alors en 2007 ils <u>se sont mariés / se mariaient</u>.

5 Hier on <u>est rentrés / rentrait</u> plus tôt que prévu car on était fatigués.

6 Comme <u>ça a été / c'était</u> les vacances, je suis sortie tous les soirs.

7 Quand nous <u>avons vécu / vivions</u> en Suisse, on faisait du ski tous les hivers.

8 Moi <u>j'ai lu / je lisais</u> la carte, et lui, il conduisait.

9 Tout le monde dansait quand soudain la musique <u>s'est arrêtée / s'arrêtais</u>.

10 Quand vous étiez petit, vous <u>avez voulu / vouliez</u> devenir vétérinaire.

3 **Underline the time phrases which help you decide which tense to choose. Complete the sentences with the appropriate tense of verbs from the box, then translate them.**

1   Quand il était ado Théo _____ pendant des heures à la console.
2   Hier soir mon copain est venu à la maison et on _____ à la console.
3   Emma _____ Boris depuis des heures.
4   Tout d'un coup il _____.
5   Tous les jours tu _____ une page dans ton journal intime.
6   Un jour tu _____ de commencer un journal intime.
7   L'été nous _____ en vacances en famille au Portugal.
8   L'été dernier je _____ en vacances avec mes copains pour la première fois.
9   D'habitude mon petit ami _____ me chercher à la sortie du lycée, mais on a rompu.
10 Une fois mon petit ami _____ me chercher à la sortie du lycée, ça m'a surprise!

> venir x 2   écrire   décider   attendre
> arriver   jouer x 2   aller x 2

4 **Rewrite the pairs of sentences in the past, linking them with *quand* or *lorsque/lorsqu'*.**

Je joue sur l'ordinateur. Soudain il y a une coupure d'électricité.
Je <u>jouais</u> sur l'ordinateur <u>lorsque</u> soudain il y <u>a eu</u> une coupure d'électricité.

1   Je prépare le café. Ma copine sonne à la porte.
2   Le chanteur chante la dernière chanson du concert. Il perd sa voix.
3   Elles parlent de Julien. Il arrive.
4   Amina dort profondément. Son réveil sonne.
5   Ophélie fume une cigarette. Sa mère entre dans le bar.
6   Bastien est en cours de maths. Son portable sonne.
7   Candice embrasse Frank. Sa copine les surprend.
8   Tristan marche au bord de la piscine. Son frère le pousse.
9   Vous faites des recherches sur Internet. Il y a une panne d'électricité.
10 Nous regardons une émission de télé-réalité. Je reconnais un de mes amis.

5 **Translate 1–5 into English and 6–10 into French.**

1   Pendant que vous vous amusiez au concert, je révisais pour mes examens.
2   D'habitude nous allions jouer au baby-foot après les cours.
3   Elle a commencé sa carrière de chanteuse quand elle avait quinze ans.
4   Comme il neigeait ils ont décidé de rester à la maison.
5   Ils menaçaient une jeune fille quand le professeur est intervenu.
6   I was studying in the library when my mobile rang.
7   My parents got divorced when I was 12.
8   While we (*on*) were at university, we worked in McDonald's.
9   Usually you (*vous*) wrote in your diary every night.
10 As it was raining, you (*tu*) decided to watch a DVD.

6 **Complete the biography of the mystery French singer. Write the perfect or imperfect tense of the verbs in brackets. Can you guess who it is?**

Elle (1) *(naître)* le 22 décembre 1972 en France. Quand elle (2) *(être)* petite elle adorait la musique. Elle (3) *(prendre)* des cours de danse et des cours de piano. Elle (4) *(apparaître)* pour la première fois à la télévision en 1980, elle (5) n' *(avoir)* que sept ans. Elle (6) *(connaître)* son premier succès en 1987 avec une chanson qui (7) *(s'appeler)* «Joe le Taxi». Elle (8) *(chanter)* en français mais elle a eu beaucoup de succès en Angleterre avec ce titre. Comme la chanson ne lui (9) *(suffire)* pas, elle (10) *(se mettre)* au cinéma.

Elle a (11) *(tourner)* son premier film «Noce Blanche» en 1989 pour lequel elle (12) *(recevoir)* un César. Ensuite elle (13) *(revenir)* à la chanson et Serge Gainsbourg lui (14) *(écrire)* un album. Plus tard elle (15) *(représenter)* le parfum Coco Chanel, puis elle (16) *(aller)* travailler aux États-Unis. Quand elle (17) *(vivre)* aux États-Unis elle (18) *(sortir)* avec Lenny Kravitz. En 1998 elle (19) *(se marier)* avec l'acteur américain Johnny Depp. Ils (20) *(avoir)* deux enfants, Lily-Rose et Jack.

Vanessa Paradis

23 • Le futur – verbes irréguliers
(The future – irregular verbs)

Remember that the future tense means 'will (do)' or 'shall (do)'.

To form the future tense of regular verbs, you add the following **endings** to the **stem**, which, in the case of regular verbs, is the **infinitive**.

je	**-ai**	nous	**-ons**
tu	**-as**	vous	**-ez**
il/elle/on	**-a**	ils/elles	**-ont**

*Il **trouvera** sa partenaire idéale.* (He **will find** his ideal partner.)

*On **prendra** le temps de se détendre.* (We **shall take** time to relax.)

Note that **envoyer** (to send) has a small spelling adjustment in the stem, to **enverr-**, e.g. *On **enverra** plus d'e-mails.* (We will send more emails.)

You have already learnt the most common irregular future forms: *avoir (j'aurai)*, *être (je serai)* and *aller (j'irai)*. See p. 40. Here are eight more irregular stems which you also need to learn by heart. The endings remain the same.

infinitive	stem	English
devoir	**devr-**	*to have to*
faire	**fer-**	*to do/make*
pouvoir	**pourr-**	*to be able to*
savoir	**saur-**	*to know*
venir	**viendr-**	*to come*
voir	**verr-**	*to see*
vouloir	**voudr-**	*to want*

Note that in French a future tense **must** be used after 'when' if it is referring to a future event (unlike in English), e.g. *Je te téléphonerai quand il **arrivera**.* (I will phone you when he arrives.)

AS December

1 Match the English to the French verbs in the future tense.

1 I'll have

2 We shall be

3 She will be able to

4 They will go

5 There will be

6 You will do

7 They'll come

8 We will want

9 I shall see

10 They will be

A Elles seront

B Tu feras

C On voudra

D Je verrai

E J'aurai

F Ils viendront

G Il y aura

H Elle pourra

I Nous serons

J Ils iront

2a Make all the elements of the sentences singular.

1 Nous achèterons de nouvelles raquettes.

2 Ils feront des sports plus extrêmes.

3 Vous prendrez des cours de natation.

4 Elles seront plus adaptées à des sports individuels.

5 Nous aurons des problèmes d'argent.

2b Make all the elements of the sentences plural.

6 J'apprendrai une nouvelle activité.

7 Tu essaieras un sport moins violent.

8 Elle achètera un livre sur le yoga.

9 Je consacrerai une heure à mon sport préféré.

10 Il s'intéressera à un sport collectif.

3 Fill in the future tense of the verbs.

1 vous _____ (essayer)

2 je _____ (faire)

3 mon entraîneur _____ (avoir)

4 mes parents _____ (être)

5 tu _____ (venir)

6 vous _____ (aller)

7 nous _____ (devoir)

8 mon docteur _____ (vouloir)

9 mon frère et moi _____ (pouvoir)

10 je _____ (savoir)

4a Rewrite these positive present tense sentences as negative future tense ones.

On mange trop gras.
On ne mangera pas trop gras.

1 Mes parents fument.

2 Mes copains mangent trop de sel.

3 Je me lève tard.

4 J'ai peur de tomber.

5 Nous buvons beaucoup d'alcool.

4b Rewrite these negative present tense sentences as positive future tense ones.

6 On ne mange pas de fruits.

7 Nous ne faisons pas de sport.

8 Je ne suis pas en forme.

9 Il ne va pas au gymnase.

10 Ils ne s'entraînent pas souvent.

5 Match the sentence halves. Translate the complete sentences into English.

1 Il achètera une nouvelle raquette ☐

2 Quand elle sera plus mince ☐

3 Quand nous aurons plus d'argent ☐

4 Ils feront du sport ☐

5 Tu seras en meilleure santé ☐

6 Je perdrai du poids ☐

7 Vous jouerez mieux ☐

8 On sera moins fatigué ☐

9 Quand elles iront dans les Alpes ☐

10 Nous viendrons te regarder ☐

A quand tu arrêteras de fumer.

B quand on se couchera plus tôt.

C elle achètera un nouveau jean.

D elles feront du ski.

E quand vous vous entraînerez plus.

F quand il jouera mieux au tennis.

G nous nous inscrirons à un gymnase.

H quand j'arrêterai de grignoter.

I quand tu joueras au rugby.

J quand ils auront plus de temps.

6 Fill in the gaps with the future tense of verbs from the box.

Demain, quand je (1) _____, je

(2) _____ un petit déjeuner sain. Quand

(3) _____ au lycée à pied, je n'

(4) _____ pas de cigarettes en route. À la

cantine, je ne (5) _____ pas de frites et je

(6) _____ de l'eau, pas de coca. Quand je

(7) _____ le lycée, je (8) _____

une heure de jogging au stade.

Le soir, je (9) _____ à dix heures. Le

lendemain, je (10) _____ en pleine forme!

acheter	aller	boire	se coucher	être	faire
	se lever	manger	prendre	quitter	

7 Translate into French.

1 Tomorrow I will go swimming and I will play tennis.

2 She will not watch TV but she will read a book.

3 He will surf the Internet and send some emails.

4 When I go out with my friends I will not smoke.

5 They (*m.*) won't have time to go to the cinema this evening.

6 Will we (*on*) have to get up early next weekend?

7 I will not be able to go out, as I will have too much homework.

8 Will she go shopping when she goes to town?

9 When we (*nous*) go to the gym we will exercise for two hours.

10 Will you (*tu*) buy new trainers when you have enough money?

24 • Le participe présent
(The present participle)

The present participle is formed by **removing -ons** from the **nous form** of the present tense and adding **-ant**.

nous jouons	➔	jou	➔	jou**ant**
nous finissons	➔	finiss	➔	finiss**ant**
nous prenons	➔	pren	➔	pren**ant**

Only three verbs have **irregular** present participles: être ➔ **étant**; avoir ➔ **ayant**; savoir ➔ **sachant**.

When used as a verb, the present participle is **invariable** (it never changes).

A The present participle can be used with **en** to mean 'by (do)ing', on (do)ing' or 'while (do)ing', e.g. *Ma sœur s'est cassé la jambe **en faisant** du ski.* (My sister broke her leg **(while) skiing**.) *J'ai perdu du poids **en mangeant** mieux.* (I lost weight **by eating** better.)

In the **negative**, place *ne* between *en* and the present participle and *pas* immediately after the present participle, e.g. *On peut garder la forme en **ne** mangeant **pas** trop de nourriture grasse.*

The present participle can also be used as a verb on its own:

B To shorten a clause, e.g. <u>Comme elle était</u> fatiguée, elle a arrêté de jouer. ➔ **Étant** fatiguée, elle a arrêté de jouer. (As she was tired, she stopped playing. **Being** tired, she stopped playing.)

C To replace a relative clause (a clause starting with *qui*): *Je veux un moniteur <u>qui parle</u> français.* ➔ *Je veux un moniteur **parlant** français.* (I want an instructor who speaks French.)

D In English, the present participle is very common and sometimes two present participles are used together. In French, an infinitive would be used instead of the second verb, e.g. … *en évitant **de** manger* (… by avoiding **eating**).

E Note that verbs ending in *-ing* in English are not necessarily translated by a present participle in French, e.g. He **is playing** football. = *Il **joue** au football.* In this example the English verb is in the present continuous and is translated by the present tense in French.

AS December

1 Circle the words which are <u>not</u> present participles.

1	méchant	ennuyant	amusant
2	allant	ayant	avant
3	amenant	amant	aimant
4	sauvant	savant	sachant
5	fatigant	fabriquant	fatiguant
6	gardant	gagnant	galant
7	étant	tant	ôtant
8	constant	collant	créant
9	garant	géant	gâchant
10	élégant	élevant	élisant

2 Rearrange the letters to find the present participles to complete the phrases.

1 siantaf   En _____ la grasse matinée.

2 olvanut   En _____ l'aider.

3 tanya   En _____ plus de temps.

4 nachmât   En _____ du chewing-gum.

5 tchansa   En _____ la réponse.

6 êtrantra   En _____ de fumer.

7 ténat   En _____ plus discipliné.

8 saytesna   En _____ de rester en forme.

9 lémiatrano En _____ mon régime.

10 stosinchias En _____ mieux mes aliments.

3 Complete the answers, using present participles formed from infinitives from the box.

Comment gardes-tu la forme?
En allant régulièrement au gymnase.

1 Comment garde-t-elle la forme? _____ du sport.

2 Comment avez-vous perdu du poids? _____ un régime.

3 Comment améliores-tu ta performance? _____ tous les jours.

4 Comment s'est-elle cassé le bras? _____ d'un rocher.

5 Comment a-t-il arrêté de fumer? _____ du chewing-gum.

6 Comment ont-elles pris tant de poids? _____ des choses grasses.

7 Comment te tiens-tu au courant de l'actualité? _____ l'Internet.

8 Comment se détend-elle? _____ la télévision.

9 Comment pratiques-tu ton français? _____ la radio française.

10 Comment avez-vous appris l'escalade? _____ dans un club.

> écouter s'entraîner s'inscrire faire mâcher
> manger regarder suivre surfer tomber

4 Rewrite the first part of the sentences, replacing the underlined words with present participles.

Comme je trouve la vie stressante, je fais du yoga.
Trouvant la vie stressante, ...

1 Comme elle avait faim, elle a mangé une pomme.

2 Comme je me couche tard, je suis souvent fatigué.

3 Comme tu n'es pas sportive, tu devrais aller au collège à pied.

4 Comme elles se trouvent trop grosses, elles vont suivre un régime.

5 Comme vous ne pouvez plus fumer dans les endroits publics, vous devriez arrêter.

6 Comme je comprends ton problème, je vais pouvoir t'aider.

7 Comme on sait qu'elle est anorexique, on essaie de l'encourager.

8 Comme il veut arrêter de fumer, il mâche du chewing-gum.

9 Comme je n'aime pas les fruits, je bois des jus de fruits.

10 Comme ils boivent trop, ils ont souvent des problèmes de mémoire.

5 Translate into English. Give each sentence a letter A–E, to say which point in the grammar box it illustrates.

1 Voulant garder la forme, il joue au badminton tous les jours.

2 En essayant de trop maigrir, elle s'est rendue malade.

3 Je fais des exercices en écoutant de la musique.

4 Nous avons économisé beaucoup d'argent en arrêtant de fumer.

5 Étant stressé, on grignote tout le temps.

6 Je cherche un partenaire aimant le sport.

7 On vit plus longtemps en ne fumant pas.

8 Ne faisant plus d'exercice, elle a pris du poids.

9 Les enfants mangeant le petit déjeuner sont plus attentifs en classe.

10 Il est tombé en essayant d'attraper l'autobus.

6 Translate into French. Remember that an English verb ending in '-ing' cannot always be translated by a French present participle.

1 I eat my breakfast while watching television.

2 While trying to avoid the ball, he broke his leg.

3 Knowing that she eats badly, she is going to go on a healthy diet.

4 She does not want to gain weight by eating unhealthy food.

5 Having a lot of problems, we (on) are trying to live better.

6 Wanting to win the tournament, they (m.) train every day.

7 She is healthier by not drinking alcohol.

8 They (m.) are watching too much television.

9 Children who eat too much become obese.

10 By avoiding eating meat they (m.) feel better.

25 • L'emploi de «y» et «en»
(Using y and en)

Le pronom «y» (The pronoun y)

A The adverbial pronoun *y* replaces the names of **places** preceded by prepositions such as *à, en, chez, sur, sous* and *dans*, to mean 'there'. It can also mean 'on it', 'on them', etc. Its equivalent is often left out in English, e.g. *Vas-tu souvent <u>au cinéma</u>? Oui, j'y vais toutes les semaines.* (Yes, I go (there) every week.)

B *Y* also replaces *à* + **a thing or an idea** after verb phrases, e.g. *Il pense <u>à sa santé</u>. Il y pense.* (He is thinking **about it**.) *Elle fait attention <u>à ce qu'elle mange</u>. Elle y fait attention.* (She pays attention **to it**.)

Note that *y* **cannot** be used to replace:

C *à* + a person, e.g. *Je parle <u>à mon ami</u>. Je <u>lui</u> parle.*

D *à* + an infinitive, e.g. *Est-ce qu'elle recommence <u>à manger</u>?*

Le pronom «en» (The pronoun en)

1 The adverbial pronoun *en* replaces the **preposition** *de* (*du, de la, de l', des*) + a place. It often means 'from it' or 'from there', e.g. *À quelle heure est-il rentré <u>du cinéma</u>? Il en est rentré à minuit.* (He came back (from there) at midnight.)

2 It replaces the **partitive article** (*du, de la, de l', des*) + noun, to mean 'some', e.g. *Est-ce que tu manges <u>des fruits</u>? Oui, j'en mange tous les jours.* (Yes, I eat **some** every day.)

3 *En* replaces nouns with expressions of **quantity and numbers** (including *un* and *une*), in which case the quantity or number must be repeated, e.g. *Elle mange <u>trop de bonbons</u>. Elle en mange **trop**.* (She eats **too many (of them)**.) *Il a bu <u>combien de bières</u>? Il en a bu **deux**.* (He drank **two**.)

4 *En* is used with **verbs** and verb phrases **followed by** *de* + noun, such as *parler de* (to talk about), *jouer de* + instrument, e.g. *Pourquoi as-tu besoin <u>d'argent</u>? J'en ai besoin pour acheter un ordinateur.* (I need **it** to buy a computer.)

Note that *en* **cannot** replace *de* + an infinitive. e.g. *Elle a refusé <u>de sortir</u>.*

Position de «y» et «en» (y and en in a sentence)

Words which end in a vowel (apart from silent endings) drop the vowel in front of *y* and *en*, e.g. **J'y** vais. **Elle y** va. **J'en** mange trop.

Y and *en* go in the same place as other object pronouns.

- They go before the verb in **simple tenses** (present, future, imperfect), e.g. *Il en boit trop. Elle y allait souvent.*

- In **compound tenses**, (perfect, pluperfect, etc.) they go before the auxiliary verb, e.g. *On en a mangé. Il y est allé.*

  Note that the past participle does **not** agree with *y* or *en*.

- With verbs followed immediately by an **infinitive** (e.g. *aller* + infinitive, modal verb + infinitive), they go in front of the infinitive, e.g. *On va y aller.*

- With **reflexive verbs**, *y* and *en* go after the reflexive pronoun, e.g. *On s'y intéresse. Il s'en est servi.*

- In **negative** sentences, *y* and *en* come before the infinitive if there is one, but otherwise they come between *n'* and the verb, e.g. *Je n'y vais pas. On n'en a pas eu besoin. Ils ne veulent pas y aller.*

- When more than one pronoun is used they appear in this order:

me te nous vous	le la les	lui leur	y	en

1 Decide whether the underlined words can be replaced by *y*. Give each sentence a letter A–D from the grammar box to explain your answers.

J'aime aller à Paris. Yes, A.

1 Ton déjeuner est dans la cuisine. _____
2 Il faut penser aux conséquences. _____
3 Est-ce que mon CD est sur la table? _____
4 J'ai téléphoné à mon moniteur. _____
5 Nous allons souvent en France. _____
6 On a commencé à courir. _____
7 Il ne s'intéresse plus à sa petite amie. _____
8 Nous passons beaucoup de temps à la piscine. _____
9 Est-ce que tu t'intéresses à la politique? _____
10 J'ai réussi à arrêter. _____

2 Separate the words so that the sentences make sense. Translate them into English.

1 Onn'enavaitpasperduassez.
2 Ilvaessayerdes'enpassercesoir.
3 Nousenavonsfuméaumoinsdix.
4 Jetedonnemonbriquetcarjen'enaiplusbesoin.
5 Ondoitenmangeraumoinscinqportionsparjour.
6 Ellen'enjoueplusdepuisdeuxans.
7 C'esttropsucréalorsonnevaplusenacheter.
8 Onenveutmaisonn'enapastrouvé.
9 Ilssontallésauclubmaisilsensontrevenusaussitôt.
10 Jen'envoulaispasmaisilm'enadonnéquandmême.

3 Fill in the gaps with *y* or *en* to answer the questions.

1 Quand est-il allé au stade de foot? Il _____ est allé hier.
2 Comment es-tu revenu en France? J'_____ suis revenu en autobus.
3 As-tu des amis en France? J'_____ ai beaucoup.
4 Sait-il jouer au cricket? Oui, il sait _____ jouer.
5 Fait-elle de la gymnastique? Oui, elle _____ fait.
6 Est-ce que tu veux aller au concert de jazz? Non, je ne peux pas _____ aller.
7 Avez-vous commandé des CD? Oui, nous _____ avons commandé trois.
8 Est-ce qu'elle a dû aller à l'hôpital? Oui, elle a dû _____ aller.
9 Est-ce qu'ils se sont inscrits au stage de voile? Oui, ils s'_____ sont inscrits.
10 Est-ce qu'on devra apprendre à faire du judo? Oui, vous devrez apprendre à _____ faire.

4a Rewrite these positive sentences, replacing the underlined phrases with *y*.

1 Est-ce que tu joues au basket?
2 On va aller en France.
3 Ils sont retournés dans les Alpes.
4 Elle s'intéresse beaucoup à la danse.
5 J'irai peut-être au restaurant.

4b Rewrite these negative sentences, replacing the underlined phrases with *y*.

6 On ne va jamais au gymnase.
7 Elle ne voulait pas aller à l'hôpital.
8 Il n'a jamais passé ses vacances en Italie.
9 Je ne me suis pas inscrite au club de judo.
10 Tu ne veux pas rester au collège?

5 Answer the questions, using *en* in your answers.

1 Est-ce que vous mangez souvent des légumes? Oui, …
2 Est-il rentré très tard du théâtre? Oui, …
3 Est-ce que Rachid boit de l'alcool? Non, …
4 Est-ce que tu vas acheter un CD? Oui, …
5 Combien de livres allez-vous emporter? (Non) …
6 Est-ce qu'elle a pris trop de poids? Oui, …
7 Est-ce qu'elles ont écouté de la musique? Non, …
8 Est-ce qu'ils fumaient beaucoup de cigarettes? Oui, …
9 Est-ce que tu fais beaucoup de sport? Non, …
10 Est-ce qu'elle a regardé un film? Oui, …

6 Translate into French.

1 I love Coke but I drink too much (of it).
2 We (*nous*) buy fruit but we don't eat enough (of it).
3 They (*m.*) watch football but they don't play it.
4 She has been to France and she would like to go back (there) next year.
5 We (*on*) love the theatre so we go (to it) once a month.
6 I bought three (of them) but I ate two (of them).
7 They (*m.*) will go to Nice but they won't stay there long.
8 He stole some beer and he drank two bottles (of it).
9 I need some money because I don't have enough (of it).
10 Her computer is broken so she can't use it.

26 • L'impératif
(The imperative)

Use the imperative to give orders, recommendations or advice, and to express requests or wishes. There are only three imperative forms: *tu*, *vous* (to address one or more people) and *nous* (to say 'let's …'), e.g. **Choisis** *une activité.* (Choose an activity.) **Faites** *attention!* (Be careful!). **Allons** *au centre sportif.* (Let's go to the sport centre.)

To form the imperative of all verbs, take the present tense form but without the pronouns. For the *tu*-form of *-er* verbs drop the final *-s*.

	-er verb, including *aller*		*-ir* verb	*-re* verb
	jouer	aller	finir	vendre
tu-form	jou**e**	va	fin**is**	vend**s**
nous- form	jou**ons**	all**ons**	finiss**ons**	vend**ons**
vous-form	jou**ez**	all**ez**	finiss**ez**	vend**ez**

There are a few irregular imperative forms: * rarely used

	avoir	**être**	**savoir**	**vouloir**
tu-form	aie	sois	sache	veuille*
nous-form	ayons	soyons	sachons	veuillons*
vous-form	ayez	soyez	sachez	veuillez

If the imperative verb is in the **positive** form:

- Object and reflexive **pronouns come after** the imperative verb and are joined to it (and each other) by **hyphens**, e.g. *Téléphonez-**lui**! Regroupons-**nous**! Explique-**le-moi**!*
- When the verb is followed by **y** or **en**, the **-s** of *-er* verbs reappears, e.g. *Vas-y! Manges-en! Parles-en!*
- The pronouns *me* and *te* become **moi** and **toi**, except before *y* and *en*, e.g. *Regarde-**moi** danser!* (Watch me dance!) *Lève-**toi**! Donne-**m'en**!* (Give me some!)
- Direct object pronouns come before indirect objects, e.g. *Donne-**le-moi**!* (Give it to me!)
- Pronouns that are the object of an **infinitive** stay in front of the infinitive and are not joined to the imperative verb, e.g. *Tu viens me rendre visite.* → *Viens **me** rendre visite!*

To form a **negative imperative** place the negation around the verb, e.g. **Ne** *rentrez* **pas**! With negative imperatives, object and reflexive pronouns stay in front of the verb and follow the normal order, with **ne** before them, e.g. *Ne **me le** donne pas!*

1 Fill in the missing words.

Infinitive	Present tense	Imperative
chois**ir**	tu choisis	(1) _____
	nous (2) _____	choisissons
répond**re**	tu (3) _____	(4) _____
	nous répondons	(5) _____
	vous (6) _____	répondez
respir**er**	tu (7) _____	(8) _____
	vous (9) _____	(10) _____

2 Fill in the imperative of the verbs provided.

1 défendre (*tu*) _____
2 guérir (*tu*) _____
3 consacrer (*nous*) _____
4 mentir (*vous*) _____
5 apprendre (*tu*) _____
6 pratiquer (*vous*) _____
7 lire (*nous*) _____
8 essayer (*tu*) _____
9 courir (*vous*) _____
10 protéger (*nous*) _____

3 Circle the correct imperative verbs. Translate the sentences with the imperative forms into English.

1 Vous parlez à votre copain: «Sache / Sachons / Sachez que je vais aller t'encourager à ta compétition de natation.»

2 Vous parlez à votre mère: «Sois / Soyons / Soyez tranquille, je ne vais pas prendre de risque.»

3 Vous parlez à vos parents: «Aie / Ayons / Ayez confiance en moi, je vais gagner.»

4 Vous parlez à votre professeur: «Veuille / Veuillons / Veuillez accepter mes excuses pour mon comportement inacceptable.»

5 Vous parlez aux membres de votre équipe de basket: «Sois / Soyons / Soyez attentifs et on va gagner!»

6 Vous parlez à votre grand-père: «Sache / Sachons / Sachez que je vais passer te rendre visite demain après mon cours de danse.»

7 Vous parlez à votre groupe de théâtre: «Sache / Sachons / Sachez notre texte par cœur la semaine prochaine!»

8 Vous parlez à votre sœur pour l'encourager: «N' aie / ayons / ayez pas peur, tu peux y arriver.»

9 Vous parlez à votre entraîneur: «Sache / Sachons / Sachez que j'ai fait tous les efforts que je pouvais.»

10 Vous parlez à votre meilleur ami: «Sois / Soyons / Soyez patient, tu vas voir les progrès dans quelques mois.»

4 Complete the text with the *vous*-form imperative of the verbs in brackets.

(1) _____ (Penser) à bien vous préparer physiquement avant votre séjour au ski.

(2) _____ (commencer) votre préparation au moins un mois avant votre départ. (3) _____ (améliorer) votre endurance. (4) _____ (faire) des footings pour travailler vos capacités cardio-respiratoires, surtout si vous allez en haute altitude. (5) _____ (prendre) le temps de faire des assouplissements (cuisses, mollets, genoux) pour éviter les entorses. (6) _____ (choisir) votre équipement (ski de fond, ski alpin, snowboard) et les protections adéquates. (7) _____ (veiller) à faire vérifier les fixations de vos skis et échauffez-vous avant de vous lancer sur les pistes.

(8) _____ (avoir) dans votre sac de la crème solaire, une bouteille d'eau et une barre de céréales. (9) _____ (savoir) bien vous nourrir pendant votre séjour (pâtes, céréales, fruits, produits laitiers). (10) _____ (être) vigilants sur les pistes.

5a Complete the sentences with the correct reflexive pronouns.

1 Habituons-_____ à un nouveau rythme.

2 Bouge-_____ un peu!

3 Préparez-_____, le concert commence dans 10 minutes.

4 Souviens-_____ de bien inspirer par le nez.

5 Méfiez-_____ des vitamines pour augmenter votre performance.

5b Fill in the imperative of the reflexive verbs, including the pronouns.

6 (se rappeler, tu) _____-_____ de bien t'étirer après ton jogging.

7 (se défouler, vous) _____-_____ dans la cour.

8 (se décider, nous) _____-_____ pour des vacances sportives.

9 (se dépêcher, tu) _____-_____ de t'inscrire au centre sportif.

10 (se coucher, nous) _____-_____ de bonne heure pour être en forme demain matin.

6a Rewrite the sentences in the negative imperative form.

Tu écoutes N'écoute pas!

1 Tu t'endors maintenant.

2 Nous nous inquiétons.

3 Vous vous regardez tout le temps dans le miroir.

4 Tu te pèses tous les jours.

5 Nous nous moquons d'elle.

6b Rearrange the words to make sentences containing imperative verbs.

6 la pharmacie achetons à la

7 en beaucoup manges

8 sans vas réfléchir y

9 médecins en avec discutez les

10 elle dis quand le va arriver lui

27 • Le conditionnel
(The conditional)

The conditional tense is usually translated as 'would …':

A to say **what would happen**, to talk about events which may or may not happen, e.g. *Je **ferais** plus de sport.* (I would do more sport.)

B to present **unconfirmed information** (often used in newspapers and articles), e.g. *Selon ce docteur, ce traitement **permettrait** de vivre plus longtemps.* (According to this doctor, the treatment will enable one to live longer.)

C to **make a hypothesis**: ***Si* + imperfect + conditional,** e.g. *Si tu avais plus de volonté, tu **continuerais** ton régime.* (If you had more willpower, you'd continue your diet.)

D to express a wish, e.g. *Tu **aimerais** être champion de France.* (You'd like to be the French champion.)

It can be translated as 'ought to' (*devoir*) and 'could' (*pouvoir*):

E to give advice or to suggest something, e.g. *Vous **devriez** vous entraîner plus souvent.* (You ought to train more often.) *On **pourrait** aller à la piscine.* (We could go to the swimming pool.)

To form the conditional take the **stem of the future tense** (take the infinitive, drop -*e* for -*re* verbs, see p. 40) and add the **imperfect endings** (-*ais*, -*ais*, -*ait*, -*ions*, -*iez*, -*aient*, see p. 42).

-er verb	*-ir* verb	*-re* verb	irregular verb
gagner	choisir	rendre	avoir
je gagner**ais**	je choisir**ais**	je rendr**ais**	j'aur**ais**
tu gagner**ais**	tu choisir**ais**	tu rendr**ais**	tu aur**ais**
il gagner**ait**	il choisir**ait**	il rendr**ait**	il aur**ait**
nous gagner**ions**	nous choisir**ions**	nous rendr**ions**	nous aur**ions**
vous gagner**iez**	vous choisir**iez**	vous rendr**iez**	vous aur**iez**
ils gagner**aient**	ils choisir**aient**	ils rendr**aient**	ils aur**aient**

1a Fill in the conditional endings. Translate the conditional verbs into English.

1 tu réduir _____ _____

2 je mincir _____ _____

3 elles s'entraîner _____ _____

4 ils s'endormir _____ _____

5 nous transpirer _____ _____

1b Write the infinitives and the conditional stems of these irregular verbs (verb tables pp. 116–120).

6 to do _____ vous _____iez

7 to be _____ nous _____ions

8 to go _____ on _____ait

9 to be able to _____ je _____ais

10 to die _____ ils _____aient

2 Circle the correct irregular verbs in the conditional tense.

1 Vous dormaient / dormirez / dormiriez mieux après avoir pris un bon bain chaud.

2 Le médecin a dit que tu iras / irais / allais mieux dans quelques jours.

3 Apparemment elles tiendront / tiendraient / tenaient un restaurant végétarien à Paris.

4 Selon nos résultats d'analyse, nous ne serons / serions / étions pas atteints de ce virus.

5 Ma grand-mère a décidé qu'elle se ferait / se fera / se faisait vacciner contre la grippe.

6 Il fallait / faudrait / faudra faire 150 abdos tous les soirs.

7 Nous voulions / voudrions / voudrons que vous arrêtiez de fumer.

8 Ils m'ont dit que je savais / saurai / saurais le diagnostique demain.

9 Je devrais / devais / devrai jeter mes pantoufles et acheter des baskets!

10 Il faut que je prenne mon traitement à vie ou mes symptômes revenaient / reviendraient / reviendront.

3 Fill in the gaps with the conditional tense of the verbs in brackets.

1 *(calmer)* Les infusions à la camomille _____ les maux de tête.

2 *(favoriser)* Apparemment la menthe _____ la digestion.

3 *(préférer)* Je _____ faire un sport individuel plutôt qu'un sport collectif.

4 *(adoucir)* Boire du lait avec du miel _____ la gorge quand on a mal.

5 *(ne pas aimer)* Il pensait que nous _____ rester à la maison un samedi soir.

6 *(souffrir)* Selon le médecin de l'hôpital, vous _____ d'une maladie très rare.

7 *(sembler)* Il _____ qu'elles prennent des somnifères et des antidépresseurs.

8 *(se sentir)* Avec quelques kilos en moins, je _____ mieux dans ma peau.

9 *(s'agir)* Il _____ de consommer moins de lipides et plus de fibres.

10 *(suffir)* _____-il d'interdire aux mannequins taille zéro de défiler pour décomplexer les adolescentes?

4 Write what your friend would do if he wanted to improve his lifestyle.

Si tu voulais améliorer ton hygiène de vie …
Couchez-vous relativement tôt.
… <u>tu te coucherais</u> relativement tôt.

1 Mangez des repas équilibrés.

2 Évitez les situations stressantes.

3 Choisissez un sport de plein air.

4 Faites plus d'exercice.

5 Soyez plus dynamique.

6 Ayez plus de détermination.

7 Buvez beaucoup d'eau.

8 N'abusez pas des boissons alcoolisées.

9 Ne grignotez pas entre les repas.

10 Reposez-vous régulièrement.

5 Complete the sentences with the conditional form of verbs from the box. Give each sentence a letter (A–E) from the grammar box to show why the conditional is used. Translate the sentences into English.

1 Selon une rumeur ce mannequin **s**_____ anorexique.

2 Je **v**_____ manger les fruits et légumes de mon jardin.

3 Nous **r**_____ mieux à la montagne.

4 Vous **d**_____ consommer moins de boissons sucrées.

5 Je **d**_____ mieux avec la fenêtre ouverte.

6 Si j'avais le courage, je **s**_____ a l'élastique!

7 D'après ce que j'ai entendu, ils **f**_____ cet hôpital.

8 Vous **r**_____ ce dentiste?

9 Tu **p**_____ cuisiner à l'huile d'olive au lieu d'utiliser du beurre.

10 J'**a**_____ être plus grand et plus musclé!

> to prefer   to sleep   to be able to   to like to
> to have to   to recommend   to breathe
> to jump   to close down   to be

6 Translate into French.

1 I ought to stop eating sandwiches and crisps.

2 If you *(tu, m.)* slept more you would not be tired.

3 Apparently he is suffering from a rare disease.

4 You *(tu)* should not eat between meals.

5 We *(nous)* could have dinner in that vegetarian restaurant.

6 I would not like to be a model.

7 If there were more nurses, patients would not wait so long.

8 You *(pl.)* would live better in the countryside.

9 We *(on)* would rather drink water.

10 They *(f.)* would not put on weight if they ate less chocolate.

28 • Utiliser et éviter la voix passive
(Using and avoiding the passive voice)

Use the passive voice to vary the way you present information. Use it to focus on the action – what is being done – rather than who or what is doing it. Use it where you don't know what or who is doing the action. The subject of the verb is 'passive' i.e. not performing the action of the verb.

As in English, use the verb 'to be', *être* (see p. 116), and the past participle of the verb. The **past participle always agrees** with the subject in gender and number.

Active voice	Passive voice
Le médecin **examine** les patients.	Les patients **sont examinés** <u>par</u> le médecin.
The doctor **examines** the patients.	The patients **are examined** <u>by</u> the doctor.

To convert a sentence from the active voice to the passive voice:

- Make the **object** of the verb **into the subject**.
- Use the verb *être* in the tense of the original verb and add the **past participle**.
- Use *par* (or *de* for verbs expressing feelings or states of mind e.g. *aimer*, *respecter*, *connaître*, etc.) to say who does or is doing it if it is specified.

active voice:	*Le docteur*	**confirme**	*le diagnostique.*
		present tense	object
passive voice:	*Le diagnostique*	**est confirmé** <u>par</u> le médecin.
		être in the present tense

In French the passive voice is often **avoided** where it would be used in English, particularly where the subject is not known:

- by using *on*, e.g. *On vend ces médicaments en pharmacie.* (These medicines are sold at a chemist's.)
- by using **a reflexive verb** (see p. 28), e.g. *Ce médicament se prend en sirop ou en comprimé.* (This medicine is taken as a syrup or a tablet.)

AS December

1 **Complete these passive sentences by writing the correct form of *être* in the present tense and making the past participle agree with the subject.**

Ces médicaments **sont** prescrits sur ordonnance.

1 Ce vaccin _____ remboursé___ par la sécurité sociale.

2 Ces docteurs _____ respecté___ du milieu médical.

3 Notre dîner _____ préparé___ par un grand chef.

4 Les médicaments _____ vendu___ par le pharmacien.

5 Toutes les places pour le concert Solidays _____ vendu___ en quelques jours.

6 L'ordonnance (*f.*) _____ écrit___ par le docteur.

7 Ces jeunes hommes _____ arrêté___ par la police.

8 Son régime _____ conçu___ par un nutritionniste.

9 Son opération _____ prévu___ pour demain.

10 Vous (*m. pl.*) _____ accueilli___ par une infirmière.

2 Complete the sentences in the passive voice with the correct form of the verbs in the active voice.

1 Le gouvernement prend des mesures (f.).
Des mesures _____ par le gouvernement.

2 Un centre de détoxication aide ces toxicomanes.
Ces toxicomanes _____ par un centre de détoxication.

3 La sécurité rembourse tous vos soins.
Tous vos soins _____ par la sécurité sociale.

4 Le ministre de la santé inaugure un centre de dépistage du sida.
Un centre de dépistage du sida _____ par le Ministre de la santé.

5 Dove lance une campagne contre la beauté idéale.
Une campagne contre la beauté idéale _____ par Dove.

6 Le nombre d'adolescentes anorexiques me (f.) choque.
Je _____ par le nombre d'adolescentes anorexiques.

7 Les mannequins influencent certaines adolescentes.
Certaines adolescentes _____ par les mannequins.

8 Tout le monde t'apprécie, ma chérie.
Tu _____ de tout le monde, ma chérie.

9 Un psychologue vous suit, vous et vos enfants.
Vous et vos enfants _____ par un psychologue.

10 Sa mère nous informe de son hospitalisation.
Nous _____ de son hospitalisation par sa mère.

3 Rewrite these active sentences in the passive. Start by underlining the object which will become the subject of the passive sentence.

1 La police arrête un dealer.
2 Le spécialiste annonce un diagnostic.
3 Les médecins ne connaissent pas les symptômes.
4 Pasteur met au point un vaccin.
5 Le journal publie des statistiques.
6 La loi interdit de fumer dans les lieux publics.
7 Le nombre de jeunes qui fument me surprend.
8 L'OMS conduit une étude sur les jeunes et la drogue.
9 Son médecin lui conseille un traitement.
10 Le même docteur nous suit, nous et nos enfants.

4 Translate into English.

1 Ça se vend en pharmacie.
2 Ça se guérit tout seul.
3 Ce médicament se prend en sirop ou en cachet.
4 On ouvre une nouvelle clinique dans le sud de Londres.
5 On me dit de manger plus équilibré.
6 On ne sait pas si ce traitement est efficace.
7 Un plâtre se garde six semaines.
8 On doit payer le médecin 21 euros.
9 On vend des fromages bio sur ce marché.
10 Cet antibiotique s'injecte.

5a Translate into French, using the verbs in brackets and *on*.

1 I am advised to eat more healthily. *(conseiller de)*
2 They are shown the effects of smoking. *(montrer)*
3 She is warned about the dangers of that extreme sport. *(prévenir)*
4 You *(tu)* are taken to A&E. *(emmener)*
5 The causes of this illness are explained to us. *(expliquer)*

5b Translate into French, using the verbs in the box.

6 You can buy those pills at the chemist's.
7 You take this syrup twice a day.
8 A hospital is being built in the north of the town.
9 You drink it hot.
10 You eat it in a salad.

> se boire   construire   se manger
> s'acheter   se prendre

29 • Le plus-que-parfait
(The pluperfect tense)

The pluperfect refers to an action further back in the past than another action or event in the past. In English it is made up of the past tense of the verb 'to have' and a past participle e.g. I had been, I had chosen etc.

In French, too, it is a compound tense and follows the **same rules as the perfect tense** (*le passé composé*) for choice of auxiliary verb, agreement of the past participle and position of the verb in the sentence (negative, adverbs, etc.). The only difference is that the **auxiliary verb is in the imperfect** tense.

Revise Sections 9 and 10 (pp. 20 and 23) and see p. 37 to remind yourself which auxiliary verb to use and how to make the past participle agree.

choisir	aller	s'orienter
j'**avais** choisi	j'**étais** allé(e)	je m'**étais** orienté(e)
tu **avais** choisi	tu **étais** allé(e)	tu t'**étais** orienté(e)
il/elle/on **avait** choisi	il/elle/on **était** allé(e)	il/elle/on s'**était** orienté(e)
nous **avions** choisi	nous **étions** allé(e)s	nous nous **étions** orienté(e)s
vous **aviez** choisi	vous **étiez** allé(e)(s)	vous vous **étiez** orienté(e)(s)
ils/elles **avaient** choisi	ils/elles **étaient** allé(e)s	ils/elles s'**étaient** orienté(e)s

*Avant de trouver un emploi, elle **avait fait** un stage dans une entreprise.* (Before finding a job, she had done work experience in a company.)

*Après le bac, il **était allé** à l'université.* (After the bac, he **had gone** to university.)

*En seconde, je **m'étais orientée** vers les sciences.* (In year 11, I **had opted** for science.)

*À la fin de la troisième, elle **avait choisi** d'aller dans un lycée technique.* (At the end of year 9 she **had chosen** to go to a technical college.)

The rules governing the position of **negative** words and **adverbs** are also the same as in the perfect tense, e.g. *Il **n'avait pas** voulu continuer ses études. On avait **bien** travaillé.*

1 **Rewrite these sentences in the pluperfect tense by changing the auxiliary verb.**

1 J'ai étudié les langues étrangères.
2 Il a quitté le collège à l'âge de 16 ans.
3 Ils ont passé leur bac.
4 Nous sommes allés au lycée.
5 Elle s'est inscrite en fac.
6 Son diplôme lui a permis de trouver un bon emploi.
7 Il est retourné à l'université.
8 Elle a trouvé les sciences trop difficiles.
9 Les cours se sont terminés à 16 heures.
10 Je me suis dirigé vers le secrétariat.

2 **Complete the sentences with the correct auxiliary in the imperfect tense.**

1 J'_____ alors dû faire face à mes responsabilités.
2 Elle _____ refusé d'enlever son voile en cours.
3 Vous _____ décidé de faire la grève le lendemain.
4 Il _____ allé à un internat pendant cinq ans.
5 Elle s'_____ orientée vers les sciences.
6 Nous _____ préparé notre défilé de mode pendant trois mois.
7 Tu _____ retourné en fac presque aussitôt.

(*continues on p. 67*)

8 Ils _____ opté pour le travail en alternance.

9 Je m'_____ fait de bons amis à l'internat.

10 Vous _____ gagné un bon salaire pourtant.

3a Rewrite the sentences, making the verbs singular.

1 Nous avions enfin trouvé un emploi à mi-temps.

2 Ils n'avaient pas voulu faire des études supérieures.

3 Nous étions aussitôt retournés en cours.

4 Elles s'étaient inscrites à l'université.

5 Vous n'aviez vraiment pas eu le choix.

3b Rewrite the sentences, making the verbs plural.

6 Je n'avais rien compris au cours.

7 Il avait récemment passé son examen.

8 Elle n'avait pas fait la grève par principe.

9 J'avais souvent demandé des programmes moins chargés.

10 Tu n'avais pas bien préparé ton exposé.

4 Complete the sentences with the pluperfect tense of the verbs in brackets.

1 Il _____ son bac deux fois. (rater)

2 Je _____ dans l'informatique. (se spécialiser)

3 Nous _____ de la fac sans aucun diplôme. (sortir)

4 Il _____ sa mini-entreprise au lycée. (monter)

5 Elles _____ plus d'une heure à la bibliothèque. (rester)

6 Elle _____ un grand défi. (se lancer)

7 J'_____ ma terminale. (redoubler)

8 Nous _____ plus de 30 heures pour le faire. (mettre)

9 Tu _____ de faire un bac ES, n'est-ce pas? (choisir)

10 Vous _____ de le faire? (accepter)

5 Complete the text in the pluperfect, using verbs from the box.

Sa scolarité (1) _____ bien _____.
À la maternelle, il (2) _____ vite _____ de bons amis et il (3) _____ facilement _____ à lire. Il (4) _____ _____ au collège avec confiance.
Il (5) _____ _____ pour son BEPC mais néanmoins il l'(6) _____ _____ et il (7) _____ _____ redoubler.
Comme il aimait les sciences, il (8) _____ _____ de les étudier en seconde mais ça (9) n'_____ pas _____ une bonne idée. L'année suivante, ses parents lui (10) _____ _____ de s'orienter vers les sciences économiques.

> réviser   apprendre   commencer   être   rater
> conseiller   décider   devoir   entrer   se faire

6 Translate into French.

1 I had always wanted to work with young children.

2 She had chosen the wrong option so she had had to repeat her first year.

3 He had accepted the job as he needed the experience.

4 I had decided to work abroad to improve my French.

5 They had learnt to read and write when they were four years old.

6 We (nous) had borrowed a lot of money to set up our own enterprise.

7 I had had to find a job, as I did not want to rely on my parents.

8 She had passed her 'bac' but she had not wanted to go to university.

9 As he had not wanted to specialise too early, he had chosen to do a 'bac général'.

10 We (nous) had chosen to do an apprenticeship, to experience the world of work.

30 • L'infinitif passé
(The perfect infinitive)

The perfect infinitive refers to an action that occurred before the action of the main verb.

The **subject** of both verbs **must be the same.**

It is formed from the **infinitive of the auxiliary** (*avoir* or *être*, exactly as in the perfect tense, see pp. 20 and 23) followed by the **past participle**, e.g. (*Après*) *avoir fini* ((After) having finished), (*Après*) *être allé* ((After) having arrived).

The rules for the **agreement** of the past participle are the same as for the perfect tense:

- When *être* is the auxiliary verb, e.g. *Après s'être habituées à la sage-femme «mec», **les mères** lui font vite confiance.* (After getting used to a male midwife the mothers soon trust him.)
- When there is a preceding direct object e.g. *Il s'est spécialisé dans l'informatique après **l'**avoir étudiée au lycée.* (He specialised in IT after studying it at school.)

Verbs and expressions such as *s'excuser de, regretter de, remercier de, fier de, content de, heureux de* and *déçu de* are often followed by a perfect infinitive in French, as it is a previous action that has caused the action or emotion, e.g. *Il a regretté d'**avoir choisi** les sciences.* (He regretted choosing sciences.) *Elle est fière d'**avoir réussi** son examen.* (She is proud to have passed her exam.)

Note that the **negative** form of an infinitive has both *ne* and *pas* before it, e.g. *Il s'est excusé de **ne pas** avoir fait ses devoirs.* (He apologised for not doing his homework.)

AS January

1 Rewrite each pair of sentences as one sentence. Start with *après* and change the first verb to the perfect infinitive.

On a déjeuné. On est sorti.
Après avoir déjeuné, on est sorti.

1 Il a passé son bac. Il est allé en vacances.
2 Elle a fini ses études de médecine. Elle a trouvé un poste dans un hôpital.
3 Nous sommes allés au lycée. Nous avons encore fait des devoirs.
4 Ils ont étudié l'anglais pendant un an. Ils ont passé un mois en Angleterre.
5 Je me suis inscrite à la Sorbonne. J'ai étudié les langues.
6 Elles sont rentrées en France. Elles ont commencé à travailler.
7 Vous vous êtes dirigées vers l'animation. Vous avez monté un club de danse.
8 Tu as accepté le poste. Tu as regretté ta décision.
9 Il s'est orienté vers les sciences économiques. Il a fait un stage en comptabilité.
10 J'ai obtenu mon bac S. Je suis allé à l'université.

2 Fill in the gaps after *être* or *avoir* with the past participles in brackets, making the past participle agree when necessary.

1 Après être _____ d'Afrique, elle a travaillé dans une école. (*rentré*)
2 Ils sont fiers d'être _____ à l'université. (*allé*)
3 Après s'être _____ à l'ANPE, elles ont vite trouvé un emploi. (*inscrit*)
4 Après être _____ au lycée, nous (*m.*) avons fait un stage. (*retourné*)
5 Après s'être _____ vers l'informatique, il a passé son CAP. (*dirigé*)
6 Ils ont présenté leur défilé après l'avoir _____ pendant six mois. (*préparé*)
7 Notre prof regrette de ne pas nous (*m.*) avoir _____ au concours. (*inscrit*)
8 Elle vient de passer son permis de conduire et elle est déçue de l'avoir _____ (*raté*)
9 Ma sœur est contente d'avoir _____ une filière scientifique. (*choisi*)
10 Je suis heureuse d'avoir passé ma licence et de l'avoir _____. (*réussi*)

3 Rewrite the sentences, changing *avant de* + infinitive to *après avoir/être* + past participle.

1 Il a appris l'informatique avant d'entrer dans le monde du travail.
2 J'ai décidé de devenir sage-femme avant d'échouer au concours de médecine.
3 Elle a cherché un emploi avant de rentrer en France.
4 On a visité l'entreprise avant d'aller à la réception.
5 Nous avons trouvé un emploi avant de nous inscrire à l'ANPE.
6 Elles ont fait un stage avant de finir leur première année.
7 Ils ont décidé de faire la grève avant d'assister à la manifestation.
8 Ils ont été rassurés avant d'arriver à la réunion.
9 Vous êtes retournés en Afrique avant de passer vos examens.
10 Elle a accepté le poste avant de donner sa démission.

4 Complete the text with the perfect infinitive of verbs from the box.

Après (1) _____ mon bac, j'ai étudié les langues à l'université. Je suis contente d' (2)_____ ce choix car cela m'a permis de voyager. Après (3) _____ _____ dans plusieurs pays, je suis rentrée en France, fière d' (4) _____ ma connaissance des langues.

Après (5) _____ l'université, j'ai dû chercher un emploi. Après (6) _____ à plusieurs entretiens, j'ai enfin trouvé un poste de traductrice mais j'ai vite regretté d' (7) _____ ce poste. Alors, après (8) _____, j'ai recommencé à lire les offres d'emplois. Sans succès. Après (9) _____ au chômage plusieurs mois, je suis partie au Mexique, et je suis vraiment heureuse d' (10) _____ cette décision.

accepter	aller	démissionner	faire
obtenir	perfectionner	prendre
se présenter	quitter	rester

5a Translate into English. Remember that the English won't always include a past participle.

1 Après avoir passé trois ans à l'école maternelle, les enfants vont à l'école primaire.
2 Il est content d'avoir choisi de faire un apprentissage en alternance car il reçoit un salaire.
3 Elle a regretté d'avoir choisi une filière scientifique car elle a raté son bac S.
4 Après avoir suivi de longues études supérieures certains étudiants ne trouvent pas toujours un emploi.
5 Ils m'ont remercié de les avoir aidés à préparer leur dissertation.

5b Translate into French.

6 After studying history for three years, I now want to do a Master's degree.
7 He is happy to have been to a boarding school as he now gets on better with his parents.
8 After working all day at school, we (*nous*, *m.*) are too tired to do our homework or go out.
9 I (*f.*) am very proud to have been elected class representative as it shows that my friends trust me.
10 After doing his lesson on the interactive whiteboard he put it on the school website.

The **indicative** mood (all the verb tenses covered so far) is the mood of certainty and fact. In a dependent clause, it shows that something is happening, has happened or is going to happen.

The **subjunctive** in English is found only in formal language, e.g. It is essential that this problem **be** solved immediately. The head teacher suggests that he **be** expelled from the school.

In French, the subjunctive expresses **doubt, emotion, judgement, necessity and possibility**. It is usually dependent on *que*. Some expressions and verbs are **always** followed by a verb in the subjunctive.

To form the **stem** of the present subjunctive of regular verbs, use the *ils*-form of the present indicative. **Remove the -*ent*,** e.g. ils *travaill*ent ➤ *travaill*-, ils *finiss*ent ➤ *finiss*-, ils *attend*ent ➤ *attend*-. Add **endings** as in the table.

que je	travaill**e**	que nous	travaill**ions**
que tu	travaill**es**	que vous	travaill**iez**
qu'il/elle/on	travaill**e**	qu'ils/elles	travaill**ent**

Some common verbs have an **irregular** subjunctive form. Some have an irregular stem, with the usual endings: *faire* ➤ *fass-*, *pouvoir* ➤ *puiss-*, *savoir* ➤ *sach-*. Others have different stems for different persons.

	aller	avoir	être	venir	vouloir
que	j'aille	j'aie	je sois	je vienne	je veuille
	tu ailles	tu aies	tu sois	tu viennes	tu veuilles
	il/elle/on aille	il/elle ait	il/elle soit	il/elle vienne	il/elle veuille
	nous allions	nous ayons	nous soyons	nous venions	nous voulions
	vous alliez	vous ayez	vous soyez	vous veniez	vous vouliez
	ils/elles aillent	ils/elles aient	ils/elles soient	ils/elles viennent	ils/elles veuillent

The subjunctive mood is used after:

A   Impersonal constructions expressing necessity, possibility, doubt or preference.

Il faut que/Il est nécessaire que *(it is necessary that …)*	Il vaut mieux que *(it is better that)*
Il est essentiel que *(it is essential that)*	Il n'est pas sûr que *(it is not sure that)*
Il est urgent que *(it is urgent that)*	Il est surprenant que *(it is surprising that)*
Il se peut que *(it is possible that)*	Il est étonnant que *(it is astonishing that)*
Il est (im)possible que *(it is (im)possible that)*	Il est probable que *(it is probable that)*
Il est important que *(it is important that)*	Il est grand temps que *(it is high time that)*

B   Verb phrases expressing emotion, doubt, uncertainty, wanting

être content que *(to be happy that)*	aimer (mieux) que *(to like (better) that)*
être désolé que *(to be sorry that)*	douter que *(to doubt whether)*
être triste que *(to be sad that)*	ne croire pas que *(not to believe that)*
préférer que *(to prefer that)*	

C   After certain conjunctions

à condition que *(provided that)*	bien que *(although)*	pour que *(so that)*
à moins que *(unless)*	de peur que *(for fear that)*	quoique *(even though)*
afin que *(so that)*	de sorte que *(so that)*	sans que *(without)*
avant que *(before)*	jusqu'à ce que *(until)*	

The **subjects** of the main clause and the dependent clause are usually **different**.

If the subject of the two clauses is the same, the infinitive is used instead, without repeating the subject or using *que* (see p. 12).

*Il préfère **aller** dans un lycée technique.* (He prefers going to a technical college.)

*Il préfère que j'**aille** dans un lycée technique.* (He prefers me to go to a technical college.)

AS January

1 Fill in the present subjunctive endings.

1 tu étudi_____

2 elles travaill_____

3 nous choisiss_____

4 je trouv_____

5 il finiss_____

6 elle suiv_____

7 vous attend_____

8 nous écriv_____

9 ils combatt_____

10 on réussiss_____

2 Fill in the gaps with the present subjunctive of the verbs in brackets.

1 Il faut qu'il _____ plus dur s'il veut réussir. (travailler)

2 Il est essentiel qu'elle _____ ses connaissances. (élargir)

3 Il est important que nous _____ immédiatement. (commencer)

4 Mon prof est content que je _____ en seconde. (passer)

5 Il se peut qu'elles _____ une filière scientifique. (suivre)

6 Bien que tu _____ tes résultats, tu penses avoir réussi. (attendre)

7 J'aimerais que vous _____ un bon emploi. (trouver)

8 Il est urgent qu'on _____ des réformes. (introduire)

9 Il est grand temps que le gouvernement _____ la violence. (combattre)

10 Dans mon lycée, les profs aimeraient que nous leur _____ (obéir)

3 Circle the correct irregular present subjunctive verb.

1 Il faut que j'alle / aille / aie en cours.

2 Il faut que nous sachions / savons / savions

3 Il faut qu'il aie / ait / a

4 Il faut que vous faisiez / fassiez / fontiez

5 Il faut qu'elle soit / soie / ête

6 Il faut qu'ils peuvent / pouvent / puissent

7 Il faut que vous ayez / ayiez / aviez

8 Il faut que nous soyions / soyons / sommions

9 Il faut que tu faises / fonsses / fasses

10 Il faut qu'elles veuillent / veulent / voulent

4 Change the impersonal expressions followed by an infinitive to the same expressions followed by a subjunctive.

Il faut réussir le bac. (je)
Il faut que je réussisse mon bac.

1 Il est important de respecter les enseignants. (les élèves)

2 Il est nécessaire de trouver un petit boulot. (vous)

3 Il est essentiel de réformer les programmes. (le ministre)

4 Il vaut mieux choisir un apprentissage. (tu)

5 Il est important de réduire le nombre de chômeurs. (le gouvernement)

6 Il est possible de faire un mastère après la licence. (nous)

7 Il est urgent de changer de filière. (je)

8 Il est indispensable de travailler dur pour réussir. (tu)

9 Il faut avoir le bac pour aller à l'université. (vous)

10 Il ne faut pas être trop fatigué avant les examens. (je)

5 Complete the sentences with the correct form, indicative or subjunctive, of verbs from the box.

1 Il croit que je _____ ses cours.

2 Il faut qu'on _____ moins d'heures de cours.

3 Il est essentiel que nous _____ notre examen.

4 Il est sûr que nous _____ notre bac.

5 Il aimerait que les cours _____ plus intéressants.

6 Il est évident que tu _____ une filière littéraire.

7 Il pense qu'on _____ des progrès.

8 Il se peut que vous _____ raison.

9 Il sait que j'_____ mes résultats.

10 Il est content qu'elle _____ parler français.

attendre	avoir	avoir	choisir	comprendre
	être	faire	rater	réussir	savoir

There are two ways of expressing what someone has said:

- quoting the exact words (**direct speech**), e.g. *Hélène dit: «J'aime voyager».*
- reporting what was said (**indirect speech**) e.g. *Hélène dit qu'elle aime voyager.*

To change from direct speech to indirect speech, you may need to carry out various changes.

- Introduce what is said is by *que*, which, unlike 'that' in English, cannot be omitted, e.g. *Tu dis: «Je suis en vacances.»* → *Tu dis **que** tu es en vacances.*
- Use **si** (**s'** in front of *il* or *ils*) to convert a **question** into indirect speech, e.g. *Il demande: «Elle est en vacances?»* → *Il demande **si** elle est en vacances. Il demande: " Sont-ils en vacances?"* → *Il demande **s'**ils sont en vacances.*
- If there is a **question word** (*combien, quand, où, comment, pourquoi*, etc.) use it instead of *si*. Order the words as in a statement, e.g. *Il demande: «Où sont-elles allées?»* → *Il demande **où** elles sont allées.*
- If the question starts with *Qu'est-ce que* or *Qu'est-ce qui* (what), **remove Qu'est-**, e.g. *Il demande: «Qu'est-ce qu'il a visité? Qu'est-ce qui lui a plu?»* → *Il demande **ce qu'**il a visité et **ce qui** lui a plu.*
- The **pronouns, possessive adjectives** and **verb forms** may change, e.g. *Il me demande: «Tu vas en vacances avec ma sœur?»* → *Il me demande si **je vais** en vacances avec **sa** sœur.*
- The **verbs in the dependent clause may change**. There is no change if the main verb is in the present tense. Revise your tenses and refer to the verb tables. The sequence of tenses is similar to English, as shown in the table.

Direct speech	Indirect speech
Present tense	*Il me <u>demande</u> si j'**aime** voyager.* (present)
«Tu aimes voyager?»	*Il m'<u>a demandé</u> si j'**aimais** voyager.* (imperfect)
Future tense	*Il me <u>demande</u> si je lui **rapporterai** un souvenir.* (future)
«Tu me rapporteras un souvenir?"»	*Il m'<u>a demandé</u> si je lui **rapporterais** un souvenir.* (conditional)
Perfect tense	*Il me <u>demande</u> si j'**ai voyagé**.* (perfect)
«Tu as voyagé?»	*Il m'<u>a demandé</u> si j'**avais voyagé**.* (pluperfect)
Imperative	*Il me <u>demande</u> **de partir**.* (de + infinitive)
«Pars!»	*Il m'<u>a demandé</u> **de partir**.* (de + infinitive)

- The **time** or **location** phrases may change, e.g. *«Tu peux passer ici demain?»* → *Il m'a demandé si je pouvais passer **là-bas aujourd'hui**.*

1 Rewrite the sentences in indirect speech using *que/qu'*. Translate your sentences into English.

> Le guide dit: «La visite guidée va commencer dans cinq minutes.»
>
> Le guide dit <u>que</u> la visite guidée va commencer dans cinq minutes.
>
> The guide says (that) the guided tour will start in five minutes.

1 L'hôtesse dit: «L'avion aura du retard.»
2 Le steward ajoute: «L'embarquement va commencer dans deux heures.»
3 «L'atterrissage est imminent», annonce le pilote.
4 «La Martinique est une île magnifique», affirme l'agence de voyage.
5 Les touristes se plaignent: «Il n'y a plus de plateau-repas dans l'avion!»

AS February

2a Sarah's boyfriend has left a message on her voicemail. Rewrite the message as indirect speech. Remember to change the pronouns and to make the verbs agree.

Fred: «J'appelle de Corse. Je passe une semaine géniale avec mes copains. J'ai visité pleins d'endroits. Je me suis baigné tous les jours. Je vais te rapporter un cadeau. Je t'aime. Ciao.»

Sarah: Il dit qu'il appelle de Corse. Il dit que …

2b Rewrite the sentences as indirect speech. Pay particular attention to the pronouns and possessive adjectives that need changing. (See Sections 11, p. 26 and 16, p. 37).

«J'ai perdu <u>ton</u> passeport.» Il me dit …
Il me dit qu'<u>il</u> a perdu <u>mon</u> passeport.

1 «<u>J'</u>ai reçu <u>ta</u> carte.» ➔ Elle me dit …
2 «<u>Vous</u> avez raté <u>votre</u> avion.» ➔ Elle nous dit …
3 «<u>On</u> <u>t</u>'attendra à l'entrée du terminal 2.» ➔ Il me dit …
4 «<u>Tu</u> peux venir avec <u>nous</u> en vacances.» ➔ Il me dit …
5 «<u>Votre</u> chambre est prête.» ➔ Elle leur dit …

3 Rewrite the sentences in indirect speech. Remember to check the sequence of tenses.

«Est-ce que l'île de la Réunion se trouve dans l'océan Indien?»
Il demande si l'île de la Réunion se trouve dans l'océan Indien.

1 «Est-ce que le Piton de la Fournaise est toujours un volcan actif?» ➔ Il vous demande …
2 «Est-ce que tu as fait le Piton des Neiges en trek?» ➔ Elle me demande …
3 «Est-ce qu'il y avait des belles plages?» ➔ Nous lui demandons …
4 «Tu voudrais y retourner?» ➔ Ils me demandent …
5 «Avez-vous (pl.) fait une escale ou est-ce que c'était un vol direct?» ➔ Elle vous demande …
6 «Est-ce qu'il fera chaud en Tunisie au mois de mars?» ➔ Mon frère a demandé …
7 «Tu t'es baignée dans l'océan Indien?» ➔ Mes parents m'ont demandé …

8 «Est-ce que tu (m.) iras à Tahiti pour ta lune de miel?» ➔ Son amie lui a demandé …
9 «Il faut se faire vacciner avant de partir en Guyane?» ➔ Ronan a demandé …
10 «Montrez-moi votre passeport s'il vous plaît.» ➔ Le douanier t'a demandé …

4 Underline the question words. Rewrite the questions as indirect speech. Use question words, *ce que/qu'* or *ce qui* appropriately.

«Où Julien est-il allé en vacances cet été?»
Il me demande <u>où</u> Julien est allé en vacances cet été.

1 «Combien de temps a-t-il passé là-bas?»
2 «Quand est-il revenu en métropole?»
3 «Sur quelle île est-il resté?»
4 «Pourquoi est-ce qu'il a choisi de partir en Nouvelle-Calédonie?»
5 «Avec qui est-ce qu'il a fait le voyage?»
6 «Qu'est-ce que il a mangé comme plat traditionnel kanak?»
7 «Qu'est-ce qu'il a fait à Nouméa?»
8 «Qu'a-t-il rapporté comme souvenirs?»
9 «Qu'est-ce qui l'a impressionné le plus sur l'atoll d'Ouvéa?»
10 «Qu'est-ce qui lui a le plus manqué?»

5 Translate into French.

1 The air hostess asks me if I want a meal tray.
2 He told us he had missed his plane the day before.
3 The pilot announces that there is going to be some fog.
4 They (m.) asked us (f.) if we'd bathed in the sea that weekend.
5 I'm asking them if it's going to be hot in New Caledonia.
6 You (tu) asked her when they (m.) had come back from holiday.
7 You (pl.) asked her who she went to Tunisia with.
8 We (on) asked you (tu) what you (tu) did there.
9 We (nous) asked you (tu) what you (tu) would miss the most.
10 I'm asking them (m.) what they will visit when they are on holiday.

33 • Les verbes impersonnels
(Impersonal verbs)

An impersonal verb is a verb which doesn't have a true subject (*je, nous, tes copains*, etc.). It has only one form: the third person singular *il* (it). You may also find *ce* or *ça*. Examples include:

- **weather** verbs such as *neiger, pleuvoir, faire beau*, e.g. *Hier **il faisait** beau, aujourd'hui **il pleut**, demain **il neigera**.*

- impersonal use of **être**, **avoir** and **aller**, e.g. ***Ça va?** Non, **il est** huit heures du matin, **il y a** trop de circulation!*

- impersonal use of some verbs including *s'agir, suffir, falloir, valoir, se passer, sembler, arriver, se pouvoir*, e.g. ***Il s'agit** de protéger la planète, **il ne suffit** pas d'en parler, **il faut** recycler, **ça vaut** la peine. Qu'est-ce qui **se passe**, tu as des problèmes pour respirer? **Il se peut** que je fasse une crise d'asthme, **ça m'arrive** parfois.*

Impersonal expressions are introduced by ***il est*** or ***c'est*** + **adjective** (the only difference is that *c'est* is less formal), e.g. ***Il est essentiel** de protéger les ressources naturelles.*

Some impersonal verbs and expressions may be followed by:

- an **infinitive**, e.g. ***Il faut réduire** les déchets nucléaires.*

- ***à*** + infinitive, e.g. *C'est difficile **à faire**.*

- ***de*** + infinitive + object, e.g. *C'est important **de faire** des efforts.*

- ***que***, e.g. ***Il est important qu'**on fasse des efforts./**Il est important que l'**on fasse des efforts* (more formal).

1 Find five impersonal weather verbs 1–5 in the wordsearch and insert their present tense into 6–10.

N	X	B	G	F	Q	I	B	L	Z
E	K	C	R	Z	D	J	R	B	R
I	O	S	E	G	O	O	M	W	E
G	K	E	L	M	A	T	P	V	L
E	P	L	E	U	V	O	I	R	E
R	E	E	R	R	I	Z	I	G	G
F	A	I	R	E	C	H	A	U	D

1 to snow _____

2 to rain _____

3 to hail _____

4 to freeze _____

5 to be hot _____

6 Prends ton parapluie, _____ _____!

7 Conduis prudemment, _____ _____!

8 Ne prends pas de pull, _____ _____!

9 Sors la luge, _____ _____!

10 Abritons-nous, _____ _____!

2 In the list of verbs below, find …

a one verb which is not an impersonal verb.

b two reflexive verbs (give their infinitive forms).

c three impersonal verbs that have an infinitive ending in *-oir*.

d four impersonal verbs that have present, future and imperfect forms listed.

il manque	il manquait	il manquera	il reste	il restait
il restera	il s'agit	il s'agissait	il suffit	il suffisait
il a suffi	ça suffit	il aime	ça dépend	il se peut
il faut	il fallait	il a fallu	il faudra	il vaut
il vaudra	il valait	il semble	il semblera	il a semblé

3 Circle the correct impersonal verb.

1 Martin va peut-être acheter une voiture électrique, <u>ça dépend / ça suffit</u> du prix.

2 <u>Il a suffi / Il suffirait / Il suffisait</u> d'installer des panneaux solaires et on ferait des économies d'électricité.

3 De quoi <u>s'agit-il / faut-il / suffit-il</u> dans cet article?

4 En Bretagne <u>il y aura / il a eu / il y a</u> une usine marémotrice depuis 1967.

5 <u>Il se peut / Il se pouvait</u> qu'ils installent des éoliennes offshore dans la Manche l'année prochaine.

3b A student's got all the tenses wrong! Correct the text with impersonal verbs in the appropriate tense. (Use the clues below the text only if you need them!) Translate the impersonal verbs into English.

«~~Il m'arrivera~~ <u>Il m'est arrivé</u> un truc marrant en France pendant mes dernières vacances, ~~il a fallu~~ (6) _____ que je te raconte! Un soir ~~il ne reste~~ (7) _____ plus rien dans le frigo, alors je suis allée au supermarché. ~~Il n'y aura plus~~ (8) _____ de sacs plastiques aux caisses! Alors ~~il va falloir~~ (9) _____ que je mette mes courses dans mon sac à main et dans mes poches! Si tu vas en France, ~~il valait~~ (10) _____ mieux emmener un sac!»

1 present 2 imperfect 3 imperfect 4 perfect 5 conditional

4 Rearrange the letters to make adjectives that can be used after *il est* or *c'est*. Match them to their translations.

1	MTPNTRIOA	_____	A	essential
2	ENSTESELI	_____	B	possible
3	GUNRET	_____	C	shameful
4	LRIOMAM	_____	D	useful
5	EFFDIIICL	_____	E	important
6	ÉRESNESACI	_____	F	regrettable
7	XOTUNEH	_____	G	urgent
8	BOIPSESL	_____	H	difficult
9	GATRBERELET	_____	I	necessary
10	ETILU	_____	J	immoral

5 Rewrite the sentences, starting with *il est* or *c'est*.

«Tu peux acheter des produits bio au marché.»
Il est … *(possible)*

Il est possible d'acheter …

1 «J'ai acheté un chargeur de piles.»
Il est … *(useful)*

2 « On ne peut pas rester sans rien faire!»
Ce n'est pas … *(possible)*

3 «Tu recycles les ordures ménagères?»
C'est … *(important)*

4 «On réduira les gaz à effet de serre.»
Il est … *(urgent)*

5 «La honte! Ils jettent leurs déchets par la fenêtre de la voiture.»
C'est … *(shameful)*

6 « On doit tous participer au tri sélectif.»
C'est … *(essential)*

7 «Quoi? Tu ne te sens pas concerné?»
Il est … *(regrettable)*

8 «Comment peuvent-ils déverser des déchets toxiques dans les rivières?»
Il est … *(immoral)*

9 «Je n'y crois pas!»
C'est … *(difficult)*

10 « Nous n'avons pas besoin de continuer les essais nucléaires.»
Il n'est pas … *(necessary)*

6a Fill in the gaps after *que* with the present subjunctive of the verbs in brackets.

1 Il est surprenant que le gouvernement ne _____ *(sanctionner)* pas les usines qui polluent.

2 Il est probable que la situation _____ *(s'améliorer)*.

3 Il est essentiel que chaque ville _____ *(avoir)* un programme de recyclage.

4 Il est étonnant que tu _____ *(être)* en faveur de l'énergie nucléaire.

5 Il est important que chacun _____ *(prendre)* ses responsabilités.

6b Complete the translations into French.

6 It's high time (that) he recycled his household rubbish. ➤ Il est grand temps que …

7 It's probable (that) I'll buy a battery charger. ➤ Il est probable que …

8 It seems urgent to stop nuclear tests. ➤ Il semble urgent de …

9 It is important to reduce greenhouse gas emissions. ➤ Il importe que …

10 It's not enough to buy organic products. ➤ Il ne suffit pas de …

The past historic is the literary equivalent of the perfect tense. It is used to narrate events in the distant past, in literary or historical works (narratives, stories, articles, biographies, reports and formal speeches).

Note that:

- It is never used in conversation; the perfect tense is used instead.
- It is used in conjunction with the imperfect tense, in the same way as you would use the perfect tense with the imperfect, to denote that one event happened while another was going on. See p. 52.
- Because it is used to talk about events and people, the third person forms are the most common (*il*, *ils*).

You may never have to use the past historic, but you need to be able to recognise and understand it. Knowing the irregular past participles will help, as many past historic stems are based on past participles.

There are four groups of endings for verbs in the past historic:

1	-*er* verbs (including *aller* for a change!):	j' tu il nous vous ils	all**ai*** all**as** all**a** all**âmes** all**âtes** all**èrent**	2	verbs whose **past participle ends in** -*u* e.g. *lire* ➤ *lu* (**except** *battre, convaincre, vendre, rendre* and *voir*)	je tu il nous vous ils	l**us** l**us** l**ut** l**ûmes** l**ûtes** l**urent**
3	*venir* (*je vins*) and *tenir* (*je tins*)	je tu il nous vous ils	v**ins** v**ins** v**int** v**înmes** v**întes** v**inrent**	4	all other verbs	je tu il nous vous ils	fin**is***** fin**is***** fin**it***** fin**îmes** fin**îtes** fin**irent**

Some verbs have less predictable stems in the past historic: *être* (**je fus**) and *mourir* (**je mourus**) follow pattern 2.

Faire (**je fis**), *voir* (**je vis**), *naître* (**je naquis**), *convaincre* (**je convainquis**), *atteindre* (**j'atteignis**) and *craindre* (**je craignis**) follow pattern 4.

* The *je*-form of the past historic is pronounced in the same way as in the imperfect, but it is spelt differently.

> *Quand j'avais dix ans,* **j'allais** *en vacances en Italie* (imperfect tense).
> **J'allai** *de pays en pays, ce fut un périple inoubliable* (past historic tense).

** Some singular forms of the past historic are identical to some forms in the present tense, but the context will help you to distinguish them.

For verbs ending in **-cer**, **ç** is used (instead of *c*) before endings starting with -*a*, e.g. *commencer* ➤ *je commen**ç**ai, nous commen**ç**âmes*.

For verbs ending in **-ger**, an **-e** is added before endings starting with -*a*, e.g. *voyager* ➤ *tu voyag**e**as, vous voyag**e**âtes*.

AS February

1 There are 10 different verbs in the box below. Find the infinitive and two different past historic forms of each one as in the example.

voyager, il voyagea, elles voyagèrent

> j'allai finir tu finis ~~voyager~~ nous vécûmes vous finîtes être elles furent vivre vendre je vendis nous vîmes ils vendirent prendre tu pris faire il fit voir tu vis avoir aller elles firent il eut elle fut ~~elles voyagèrent~~ nous eûmes ils vécurent tenir il tint elles tinrent ~~il voyagea~~ ils allèrent je pris

2 Find 10 verbs in the past historic. Write their infinitives and their translations.

surnommer called

Jacques-Yves Cousteau, qu'on surnomma Commandant Cousteau, naquit en 1910 dans le Sud-Ouest de la France. Il entra à l'école navale en 1930. L'officier de marine se passionna très tôt pour le cinéma et commença par filmer des épaves dans la mer Méditerranée. En 1943 Émile Gagnan et Jacques-Yves Cousteau mirent au point le scaphandre autonome. Cette invention permit dès lors à Cousteau de plonger et de filmer toujours plus profond. Il s'intéressa alors à l'océanographie.

À bord du Calypso, Cousteau et son équipe de plongeurs-cinéastes parcoururent et explorèrent les mers et les océans pendant des décennies. Ils firent découvrir au public les merveilles du monde sous-marin.

3 Write the missing past historic forms of verbs from the box.

Le Commandant Cousteau (1) des dizaines de films et (2) des dizaines de livres. Son film *Le monde du silence* (3) la Palme d'or à Cannes en 1956. Au cours de ses expéditions, il (4) conscience des menaces qui pèsent sur l'écosystème. En 1960 il (5) avec succès une campagne pour empêcher l'immersion de déchets radioactifs. Il (6) plusieurs organisations pour protéger la planète, dont la Fondation Cousteau, qui (7) le jour en 1981. Il (8) invité à la conférence des Nations unies sur l'environnement et le développement à Rio de Janeiro en 1992. Il (9) conseiller régulier de l'ONU. Il (10) en 1997 à Paris, à l'âge de 87 ans.

> vit écrivit mena obtint fut
> fonda devint prit mourut produisit

4 Present, perfect, imperfect or past historic? Write the tense of each verb and the reason why it was used.

1 Le tsunami du 26 décembre 2004 <u>coûta</u> la vie à plus de 300 000 personnes.
2 «Clara Hughes <u>a lancé</u> une campagne pour préserver une réserve naturelle au Québec» annonce le journaliste.
3 Pour son émission de télé *Ushuaia,* Nicolas Hulot <u>parcourait</u> le monde pour montrer différents paysages naturels.
4 Certains scientifiques <u>disent</u> que le réchauffement climatique est responsable de l'augmentation de l'intensité des catastrophes naturelles.
5 L'expédition de Jean-Louis Étienne pour analyser la régression de la banquise <u>finit</u> en 2002.

5 Circle the verbs in the correct tense. Translate the sentences.

1 L'ouragan Katrina <u>toucha / touchait</u> la Louisiane et frappa aussi le Mississippi.
2 Noël Mamère <u>a travaillé / travailla / travaillait</u> à la télé quand il commença à s'intéresser à l'écologie.
3 Paul Émile Victor naquit à Genève et <u>mourut / mourait</u> à Bora-Bora en 1995.
4 Plus de 850 espèces <u>disparaissaient / ont disparu</u> en 500 ans.
5 Avant les Inuits du village d'Appilatok <u>chassaient / ont chassé / chassèrent</u>, mais à cause de la fonte de la banquise, maintenant ils pêchent!

6 Underline the 10 verbs in the past historic. Rewrite the text in the perfect tense.

Yann Arthus Bertrand naquit à Paris en 1946. Il travailla comme assistant réalisateur puis acteur. En 1967 il abandonna le cinéma pour diriger une réserve animalière.

En 1976, lui et sa femme partirent vivre au Kenya. C'est au Kenya qu'il prit ses premières photos des merveilles de la nature vues d'une montgolfière.

Il devint reporter photographe. Il créa son agence de photo aérienne en 1991 et une association écologiste pour lutter contre le changement climatique, GoodPlanet, en 2005. Dans les années 90, en collaboration avec l'Unesco, il débuta l'inventaire des plus beaux paysages de notre planète. Il exposa ses photos à Paris et à Montréal.

Son livre *La Terre vue du ciel* eut un énorme succès.

1a Circle the correct articles to complete the sentences. (Ø means no article.)

1 Il porte <u>des / les / Ø</u> tee-shirts multicolores.
2 Je viens d'acheter <u>de / des / les</u> nouvelles baskets.
3 <u>Ø / Des / Les</u> vêtements de marque sont chers.
4 Nous voulons acheter <u>le / l' / un</u> ordinateur plus moderne.
5 <u>Ø / L' / Le</u> uniforme scolaire est une idée démodée.

1b Fill in the gaps with *de, d', de la, du, de l'* or *des*.

6 Mes parents sont _____ Portugal, alors on mange souvent _____ poisson.
7 Il ne mange jamais _____ viande ou _____ œufs.
8 Pas mal _____ étudiants fument _____ joints à l'université.
9 Tu veux _____ jus de fruits? Je n'ai plus _____ coca.
10 La plupart _____ adolescents ne mangent pas assez _____ fruits ou _____ légumes.

2a Make all elements of the sentences feminine, checking that nouns and adjectives agree.

1 C'est un bon lycéen.
2 C'est un vieil acteur.
3 C'est un merveilleux technicien.
4 Mon père est travailleur.
5 Je te présente le nouveau réceptionniste.

2b Make all elements of the sentences plural, checking that nouns and adjectives agree.

6 J'admire le détail de ce travail.
7 Il est beau mais assez vieux.
8 Le nouveau bureau est bleu.
9 On lit souvent un journal régional.
10 Madame et monsieur, voici mon fils.

3a Write the missing present tense form of the verbs in brackets.

1 Tu *(télécharger)* de la musique ou tu *(acheter)* des CD?
2 En été, je *(aller)* à un lac et je *(faire)* de la voile.
3 Quand les enfants *(manger)* trop ils *(devenir)* obèses.

4 Je ne *(fumer)* pas de cannabis car je *(savoir)* que c'est mauvais pour moi.
5 Vous *(devoir)* avoir le bac si vous *(vouloir)* aller à l'université.

3b Write the missing French infinitives, using the English verbs in the box as prompts. You may need *pour* or *de* before the infinitive.

Pour moi, l'important c'est _____ heureux. (be)
Pour moi, l'important c'est <u>d'être</u> heureux.

6 Je voudrais _____ dans la vie.
7 Je vais _____ de nouvelles cultures.
8 Pour moi, l'essentiel c'est _____ un métier intéressant.
9 J'espère devenir médecin car je veux _____ les gens.
10 Il me faudra beaucoup d'argent _____ ma propre entreprise.

discover	find	help	set up	succeed

4 Translate into French.

1 This year I go to a new school where I already know many people.
2 We don't like starting at 8 o'clock, especially on Saturday morning.
3 Do you *(tu)* prefer jeans or trousers?
4 She does not want to go to university as she must earn some money.
5 He can't look for a job because he finishes school at 17:00.
6 During the holidays we bathe and relax on the beach.
7 They take the 'bac' when they are 18.
8 My friend's parents come from Cambodia.
9 Many children prefer chips to vegetables.
10 Are you *(vous)* using your computer (in order) to do research for school?

AS March

Révision 8–14

1a Replace the bold articles with possessive adjectives and circle the most appropriate prepositions.

1   Tu as oublié **la** guitare <u>chez / dans / loin de</u> ton copain.

2   Il a mis **les** affaires <u>sous / au-dessous de / dans</u> sa valise.

3   J'ai acheté **le** scooter <u>sur / près d' / à</u> eBay.

4   On va retrouver **les** amis <u>au-dessus-de / devant / en face de</u> le cinéma.

5   Cet été elles vont aller dans **la** villa qui se trouve <u>en / à / dans</u> Biarritz.

1b Replace the possessive adjectives with demonstrative adjectives. Replace the prepositions with their opposites.

J'ai rangé mon sac sur l'armoire.

J'ai rangé <u>ce</u> sac <u>sous</u> l'armoire.

6   Mon magazine est sous le bureau.

7   Ton autobus passe derrière chez toi.

8   Il a mis sa photo au-dessous de la photo de Sophie sur le blog.

9   Elles vont habiter plus loin de l'école.

10 Je ne veux pas partir en vacances avec mon amie.

2 For each gap write the most appropriate indefinite pronoun from the box. Write (P) for the past or (F) for the future.

1   Je t'ai acheté ____ pour ton anniversaire.

2   ____ a laissé un message sur mon portable.

3   Ils ne vont faire ____ des activités sportives proposées par le club de vacances.

4   ____ va se retrouver à la fête de Marion ce week-end.

5   Elle a fugué de chez elle, on ne l'a trouvée ____ .

6   Bastien n'a ____ acheté dans le magasin de disque.

7   ____ vont faire du VTT, d'autres vont faire de la planche à voile.

8   ____ ne sont pas allés à la fac.

9   Ingrid va ____ réviser en une journée.

10 ____ ne va aller à plage aujourd'hui.

aucune	quelqu'un	quelque chose
quelque part	tout le monde	nulle part	rien
n'importe où	certains	tous	tout	personne

3a Rewrite these near future sentences in the perfect tense. Circle the prepositions.

1   Tu vas continuer tes études de droit jusqu'à la licence.

2   Plusieurs de ces jeunes vont postuler pour un emploi dans cette banque.

3   Nous allons perdre notre match de basket contre l'université de Bruxelles.

4   Cette famille va choisir de vivre loin de la pollution de la ville.

5   Mes parents vont m'interdire de sortir pendant la semaine.

3b Rewrite these near future sentences in the perfect tense. Circle the possessive adjectives.

6   Mon frère va se dépêcher de postuler pour ce nouvel emploi dans cette banque.

7   Ils vont s'arrêter cinq fois pendant leur trajet en voiture de Paris à Berlin.

8   Votre usine va se spécialiser dans le traitement des déchets radioactifs.

9   Ma meilleure amie va se marier au Canada.

10 Nos copines vont s'entraîner pour un triathlon pendant deux mois.

4a Rearrange the words to make near future sentences.

1   ne mon vais avant le mois prochain pas Je visa avoir

2   nous ce soir allons devant la télé Nous relaxer

3   vont à des cours de yoga Elles demain s'inscrire

4   annulé stage Le surf va de être

5   en croisière -tu avec ta grand-mère partir Vas?

4b Translate into French using *qui, que, où* or *dont*.

6   With the pocket money that I'm going to get, I'm going to buy a computer.

7   His friend who passed her exams is going to continue her studies in the States.

8   This natural disaster which the papers are talking about killed 50 people.

9   My friends who went to Marion's party enjoyed themselves.

10 Young people in my neighbourhood have nowhere to meet up.

1 Write negative responses to the questions, using the English words in brackets as prompts.

Est-ce que ta voisine a vu quelque chose? *(nothing)*
Non, elle n'a rien vu.

1 Est-ce que ton père fume? *(no longer)*

2 Est-ce que tu télécharges souvent de la musique? *(never)*

3 Est-ce que vous vous intéressez à la mode? *(not at all)*

4 Est-ce qu'elle connaît beaucoup de gens ici? *(nobody)*

5 Est-ce que tu as des frères ou des sœurs? *(neither … nor)*

6 Est-ce que vous avez dépensé beaucoup d'argent? *(nothing)*

7 Qui a téléphoné ce matin? *(nobody)*

8 Est-ce qu'elle s'est fait beaucoup d'amis? *(not a single friend)*

9 Où est-ce que tu es allée hier? *(nowhere)*

10 Est-ce qu'il a vu son dernier film? *(not yet)*

2 Write the missing perfect or imperfect forms, as appropriate, of the verbs in brackets.

1 Elle *(regarder)* la télé quand il *(arriver)*.

2 Il *(fumer)* mais l'année dernière, il *(arrêter)*.

3 Est-ce que tu *(travailler)* quand je *(téléphoner)*?

4 Elles *(être)* tristes car elles *(ne plus avoir)* d'argent.

5 Quand je *(avoir)* dix ans, je *(manger)* beaucoup de bonbons.

6 Samedi dernier, il *(aller)* au stade et il *(jouer)* au foot.

7 Je *(apprendre)* à lire quand je *(commencer)* la maternelle.

8 Il *(faire)* froid alors elle *(ne pas sortir)*.

9 Quand ils *(se lever)* ils *(avoir)* mal à la tête.

10 On *(aller)* en vacances en France mais l'année dernière on *(rester)* en Angleterre.

3 Write the missing emphatic pronouns from the box.

1 ___, je ne veux pas y aller.

2 C'est ___ qui as apporté ces CD?

3 Je les ai vues mais je n'ai pas parlé avec ___.

4 Elle voulait y aller ___ mais elle n'a pas pu.

5 Je joue souvent au tennis avec ma mère mais je joue mieux qu'___.

6 ___, vous trouvez toujours une excuse.

7 J'ai vu mes copains et ce sont ___ qui me l'ont dit.

8 Ma mère et ___ avons vu son dernier film.

9 Il nous a trouvés minables alors il ne veut plus jouer pour ___.

10 J'aime bien Marc mais je ne veux pas sortir avec ___.

moi moi toi lui elle elle-même
nous vous eux elles

4 Rewrite the sentences, including adverbs formed from the adjectives in brackets. Make sure they are in the correct place.

1 Tu le verras si tu regardes la photo. *(attentif)*

2 Tu dois répondre. *(poli)*

3 Ils vont rentrer demain. *(probable)*

4 Il est interdit de fumer dans les endroits publics. *(absolu)*

5 Je dois le faire. *(immédiat)*

6 Il était blessé à la tête. *(léger)*

7 De nos jours, les gens conduisent. *(dangereux)*

8 La police est arrivée. *(final)*

9 Elles vont à la piscine. *(régulier)*

10 Elle a été touchée par ta lettre. *(profond)*

5 Translate into French. Remember to make the adjectives agree when necessary.

1 She is less sporty than he.

2 He is the worst player of the team.

3 I play well but you play even better.

4 He has bought the most expensive computer in the shop.

5 More children use a mobile than five years ago.

6 She is more technologically aware than her parents.

7 Fewer young people read books nowadays.

8 Communication is much faster than before.

9 I listened to his best songs.

10 We are working as hard as last year.

AS April

1a Make all the elements of the sentences singular.

1 Nous ferons du ski quand nous irons à Chamonix.
2 Ils apprendront à plonger quand ils sauront mieux nager.
3 Vous réussirez si vous essayez.
4 Elles achèteront leurs billets quand elles auront plus d'argent.
5 Nous ne savons pas s'ils voudront y aller.

1b Make all the elements of the sentences plural.

6 Si tu grignotes tout le temps tu prendras du poids.
7 Il sera en meilleure santé quand il arrêtera de fumer.
8 Je ne sais pas si je pourrai suivre le cours.
9 Elle en boira quand elle aura soif.
10 J'achèterai une minijupe quand je serai plus mince.

2 Answer the questions using complete sentences with present participles from the phrases in brackets.

1 Comment s'est-elle acheté son ordinateur portable? *(travailler comme serveuse)*
2 Où as-tu vu Martin? *(sortir du lycée)*
3 Comment se sont-ils blessés? *(tomber de vélo)*
4 Comment ont-ils choisi leur appareil photo numérique? *(comparer les prix sur Internet)*
5 Comment as-tu perdu du poids? *(manger équilibré)*
6 Comment avez-vous obtenu l'autorisation de sortir ce soir? *(promettre de rentrer à minuit)*
7 Comment s'est-il fracturé le bras? *(faire du snowboard)*
8 Quand avez-vous regardé les informations? *(prendre mon petit déjeuner)*
9 Comment a-t-il résisté aux pressions de ce groupe de jeunes? *(avoir la force de dire non)*
10 Comment ont-ils amélioré leurs relations avec leur fille? *(être moins stricts avec elle)*

3a Complete the sentences with the pronouns *le, la, l'* or *les*.

1 La jupe? Je ____ mettrai!
2 Les chaussures? Je ____ ai souvent mises!
3 Le jean? Je ____ donnerai!
4 La chemise? Je ____ portais beaucoup avant!
5 Les lunettes? Je ____ ai cassées récemment!

3b Fill in the gaps with the correct pronouns from the box.

6 Tu as envoyé des e-mails à ta cousine? Oui, je ___ ai envoyé des e-mails.
7 Tu mentais à tes parents? Non, je ne _____ mentais pas.
8 Tu peux venir me chercher? Non, je ne peux pas venir _____ chercher.
9 Tu nous as téléphoné hier? Oui, je _____ ai téléphoné hier.
10 Tu offriras ce ticket de concert à ton frère? Non, je ne le _____ offrirai pas.

me te lui nous vous leur

4a Translate into English.

1 Mon père m'a récemment offert un billet de train pour aller lui rendre visite.
2 En économisant patiemment, elle s'achètera la robe qu'elle a vue dans le magasin.
3 Si tu le voulais vraiment, tu pourrais lui acheter des fleurs.
4 Djamila ne les lui a pas achetés.
5 Avant on faisait rarement du sport, mais hier on a pris un abonnement et à partir de demain on ira très régulièrement à la piscine.

4b Translate into French.

6 They drank too much, they should stay here.
7 I would like to invite her to the cinema tomorrow, but I'm sure that she will refuse.
8 Tristan didn't get on with his parents any more, so he left.
9 You broke your arm skiing.
10 She had been waiting for them for two hours when they finally arrived.

AS April

35 • Les pronoms possessifs
(Possessive pronouns)

A2 September

A possessive pronoun replaces a noun. It agrees in gender and number with the noun it replaces:

Ce livre est à Marie. C'est à elle. ➤ *C'est **le sien**.*

That book belongs to Marie. It belongs to her. ➤ It's **hers**.

It can replace a noun preceded by a possessive adjective (see p. 26):

C'est la peinture de Marie. C'est sa peinture. ➤ *C'est **la sienne**.*

That's Marie's painting. It's her painting. ➤ It's **hers**.

The form changes according to the owner (NB 'his' and 'hers' are the same) and agrees in gender and number with the noun referred to, e.g. *Il dit que c'est **le sien**. Elle dit que c'est **le sien**. Je pense que c'est **le leur**.* (He says it's his. She says it's hers. I think it's theirs.)

	masculine singular	feminine singular	masculine plural	feminine plural
mine	le mien	la mienne	les miens	les miennes
yours	le tien	la tienne	les tiens	les tiennes
his/hers	le sien	la sienne	les siens	les siennes
ours	le nôtre	la nôtre	les nôtres	
yours	le vôtre	la vôtre	les vôtres	
theirs	le leur	la leur	les leurs	

Possessive pronouns are always preceded by the articles *le, la* or *les*, depending on the nouns they replace. When the article is in turn preceded by the preposition *à* or *de*, remember to make the following changes:

à + le ➤ *au*   *à + les* ➤ *aux*   *de + le* ➤ *du*   *de + les* ➤ *des*

*Il a réfléchi **à** tes idées.* ➤ *Il a réfléchi **aux tiennes**. Il a parlé **de** son livre.* ➤ *Il a parlé **du sien**.*

1a Write the singular form of these possessive pronouns.

1 les miens _____
2 les tiennes _____
3 les siens _____
4 les nôtres (*m.*) _____
5 les siennes _____

1b Write the plural form of these possessive pronouns.

6 le tien _____
7 la mienne _____
8 la leur _____
9 la vôtre _____
10 le leur _____

2 Complete the table.

English	Possessive adjectives	... belongs to ...	Possessive pronouns
It's your book.	C'est ton livre.	Le livre est à toi.	C'est le tien.
It's my collection.	C'est ma collection.	1	C'est la mienne.
It's their studio.	C'est leur studio.	Le studio est à eux.	2
Those are his instruments.	3	Les instruments sont à lui.	Ce sont les siens.
It's our piano.	C'est notre piano.	Le piano est à nous.	4
Those are our drawings.	Ce sont nos dessins.	Les dessins sont à nous.	5
Those are your models.	6	Les modèles sont à toi.	7
It's her statue.	8	9	10

3 **Replace the underlined phrases with the appropriate pronouns.**

J'ai vendu <u>ma collection d'affiches</u>.
J'ai vendu <u>la mienne</u>.

1   J'ai rendu <u>mon livre</u> (*m.*) hier.
2   <u>Sa pièce de théâtre</u> (*f.*) est très drôle.
3   Vous avez publié <u>votre autobiographie</u> (*f.*).
4   Degas a peint <u>son tableau</u> (*m.*) en 1862.
5   <u>Leur œuvre</u> (*f.*) est exposée au musée du Louvres.
6   Tu vas développer <u>tes photos</u> (*f.*).
7   <u>Nos peintures</u> (*f.*) se vendent bien.
8   <u>Tes goûts</u> (*m.*) sont très variés.
9   <u>Leurs critiques</u> (*f.*) ne sont pas très bonnes.
10 J'aimerais écrire <u>mes mémoires</u> (*m.*).

4 **Answer the questions using possessive pronouns.**

Est-ce que ce livre est à toi?
Oui, c'est <u>le mien</u>.

1   Est-ce que cette guitare est à toi? Oui, c'est _____.
2   Est-ce que ce roman est à lui? Oui, c'est _____.
3   Est-ce que ces nouvelles sont à vous? Oui, ce sont _____.
4   Est-ce que ce ticket de concert est à moi? Oui, c'est _____.
5   Est-ce que cette place est à nous? Oui, c'est _____.
6   Est-ce que ces peintures sont à eux? Oui, ce sont _____.
7   Est-ce que ces billets d'opéra sont à toi? Oui, ce sont _____.
8   Est-ce que ce film est à moi? Oui, c'est _____.
9   Est-ce que ces œuvres sont à elle? Oui, ce sont _____.
10 Est-ce que ce violon est à eux? Oui, c'est _____.

5 **Fill in the gaps with the appropriate possessive pronouns. Pay attention to the prepositions needed (*de* or *à*).**

Je suis fière de mon dessin, tu es fier **du tien**.

1   Je ne suis pas content de mon poème, tandis que tu es content _____.
2   Anna a parlé de son roman et vous avez parlé _____.
3   Vous êtes fier de vos œuvres et nous sommes fiers _____.
4   Tu n'es pas sûr de ton analyse littéraire (*f.*) mais Bastien est sûr _____.
5   Nous sommes satisfaits de nos critiques, par contre ils ne sont pas satisfaits _____.
6   Je ne crois pas à ton interprétation, tu ne crois pas _____.
7   Élise va à sa leçon de piano et vous allez _____.
8   Si mes amis viennent à mon concert, j'irai _____.
9   Elle demande à ses parents si elle peut aller voir ce film et il demande _____.
10 Tu as réfléchi à nos poèmes et nous avons réfléchi _____.

6a Translate into English.

1   C'est la collection de disques de mon frère, <u>la mienne</u> est dans ma chambre.
2   Le client a demandé à voir vos tableaux et <u>les leurs</u>.
3   Elle croit au talent de cet artiste et <u>au tien</u>.
4   <u>La tienne</u> se trouve dans la première salle du musée.
5   L'architecte s'intéresse à nos sculptures et <u>aux siennes</u>.

6b Translate into French.

6   You (*tu*) sold your collection of pictures and hers.
7   I am thinking of buying yours (*tu*, *m.pl.*).
8   Yours (*vous*, *m.sing.*) is more expensive than mine (*m.sing.*).
9   She remembers ours (*f.pl.*) but not theirs (*f.pl.*).
10 Mine (*f.pl.*) had a lot of success.

36 • Les pronoms démonstratifs
(Demonstrative pronouns)

Celui, celle, ceux, celles *(This one, that one, those, these)*

To say 'this' or 'that' in French, you use *ce, cet, ces* and *ces* followed by a noun (see p. 26, Demonstrative adjectives). To replace both the demonstrative adjective and the noun, you use the pronouns *celui* or *celle* (this one, that one), *ceux* or *celles* (these, those). They agree in gender and number with the noun they replace.

	masculine	feminine
this/that one (*sing.*)	celui	celle
these/those (*pl.*)	ceux	celles

The demonstrative pronouns are often followed by one of the following:

- *-ci* (this one) or *-là* (that one) to point out something or someone specific, e.g.

  <u>Ce livre</u> *m'intéresse.* ➤ **Celui-ci** *m'intéresse.*

  <u>Cette biographie</u> *est fascinante.* ➤ **Celle-là** *est fascinante.*

- *de* to indicate possession, e.g.

  Le style de Zola ➤ **Celui de** Zola (Zola's (one))

- relative pronouns *qui, que, dont, où,* e.g. *J'ai rencontré* **celle qui** *a écrit «Truisme».* (I met the one who wrote 'Truisme'.) **Celui que** *je lis en ce moment est passionnant.* (The one I'm reading at the moment is fascinating.) *Je ne connais pas* **ceux dont** *tu parles.* (I don't know the ones you are talking about.) *Tu as lu* **celui où** *ils meurent tous à la fin?* (Have you read the one where they all die at the end?)

Ceci, cela, ça *(This and that)*

Ceci (this), *cela* (that), *ça* (that – more informal) are not related to a specific item but to something indefinite, which has no specific gender, such as recently mentioned ideas or statements. They are invariable; the forms never change.

Il avait un intérêt particulier pour la nature, et **ceci** *se voit dans ses tableaux.* (He had a particular interest in nature, and this can be seen in his paintings.)

Il m'a offert un livre rare et **cela** *m'a fait plaisir.* (He offered me a rare book and that made me happy.)

Tu aimes la musique classique, mais moi **ça** *ne m'intéresse pas.* (You like classical music, but it doesn't interest me.)

1 Fill in the table.

Demonstrative adjectives		Demonstrative pronouns	
This book	Ce livre-ci	This one	Celui-ci
This poem	1	This one	2
This music	3	This one	4
That man	Cet homme-là	That one	5
That story	6	That one	7
These songs	Ces chansons-ci	These ones	8
Those writers	9	Those ones	10

2a Choose the correct phrases from the box to complete the sentences.

1 Cyril adore visiter les châteaux, surtout ____

2 J'ai lu beaucoup de pièces de théâtre mais pas ___

3 Ce musée expose les tableaux de Cézanne et ____

4 La mienne est en bois et ____ est en bronze.

5 Après avoir joué le rôle de M. Jourdain, il va jouer ____

> ceux de Monet   celui de Cléonte
> celles de Molière   celle de Samira
> celui de Versailles

2b Choose the correct phrases from the box to complete the sentences.

6 J'ai lu ____

7 Les romans du 19ème siècle sont ____

8 Parle-moi de ____

9 Tu as visité ____

10 Les toiles de ce jeune artiste sont ____

> ceux qu'elle préfère
> celles qui m'intéressent le plus
> celui où la Joconde est exposée
> celui dont ils ont fait un film
> celle qui a écrit cette pièce

3 Replace the underlined phrases with celui, celle, ceux or celles. Include a preposition where appropriate.

1 Je m'intéresse à la littérature, surtout à la littérature du 20ème siècle.

2 Ils ont été au château de Versailles et au château de Chambord.

3 Tu aimes les personnages de Balzac mais pas les personnages de Proust.

4 Nous adorons les toiles de Gauguin et les toiles de Renoir.

5 Je préfère les opéras (m.) de Bizet, je n'aime pas les opéras de Berlioz.

6 Elle te conseille les films de Kassovitz plutôt que les films de Truffaut.

7 Tu n'es allé à aucune exposition à part l'exposition de Toulouse-Lautrec.

8 On a visité le musée d'Orsay et la prochaine fois on visitera le musée du Louvre.

9 Il apprécie les sculptures de Degas et les sculptures de Rodin.

10 Vous irez au concert de MC Solaar et au concert de Bénabar.

4a Complete the sentences with the correct form of celui with -ci or -là.

1 Dans cette librairie il y a deux rayons (m.) pour les romans, _____ pour les romans policiers et _____ pour les romans d'amour.

2 Tu préfères quelle sculpture? _____ en bronze ou _____ en or?

3 Dans cette exposition les tableaux les plus récents sont ici à l'entrée, et _____ là-bas datent de la Renaissance.

4b Complete the sentences with ceci, cela or ça.

4 _____ (that) ne fait aucun doute, c'est Anthony le coupable.

5 L'opéra, _____ (that) me branche pas tellement!

6 Je n'aime pas tellement la musique classique. _____ (this) dit, j'aime écouter le Boléro de Ravel.

7 Franchement _____ (that) m'agace lorsque les gens mangent des bonbons au cinéma.

8 Son roman est en tête des ventes et _____ (this) seulement deux jours après sa sortie.

5 Translate into French.

1 This is very original.

2 They (m.) are not going to see this exhibition because it doesn't interest them.

3 You (vous) like films with Audrey Tautou, especially the one (which is) called Amélie.

4 She hates old films, particularly those which are in black and white.

5 The play that you (tu) prefer is the one (that) you have studied.

6 I like all those paintings, especially the one on the right.

7 We (nous) bought two sculptures, the ones which are in the lounge.

8 Yesterday we (on) watched a film by Kassovitz, the one you (tu) recommended to us.

9 So, have you (tu) seen the film La Môme, the one I talked to you about?

10 He loves films with Gérard Depardieu, especially the one where he plays Cyrano.

37 • Les pronoms relatifs
(Relative pronouns)

You may like to revise section 14, p. 32 (Relative pronouns) before reading the notes below. In this section more information is given about how to use these pronouns accurately, rather than just to understand them.

- Use **que** for the **object** of the relative clause, e.g. *Les films que j'ai vus sont sous-titrés.* (… (**that**) I saw …)
  Notice that, in a relative clause in the perfect tense, the past participle agrees with the noun that **que** replaces: *Les films que j'ai vus.*

- Use **où** for **location**, to translate 'where, in which, on which', e.g. *Ce film a été tourné dans la ville où nous habitons.* (… **where** …). *Mets-le dans le meuble où il y a tous les DVD.* (… **in which** …)

- Use **où** for **time**, to translate 'when', e. g. *Ce film est sorti l'année où je suis né.* (… the year (**that/when**) …)

- Use **dont** to replace phrases **after verbs or adjectives followed by de** (*parler de …, se souvenir de …; être fier de … être content de …*). It means 'of which/whom, about which/whom'.
  Je connais l'acteur de ce film. On parle de cet acteur dans le journal.
  → *Je connais l'acteur dont on parle dans le journal.* (… **about whom** …)
  C'est un film. Il est fier de ce film.
  → *C'est un film dont il est fier.* (… **of which** …)

- Use **dont** to indicate **possession**. In that case it means 'whose'.
  C'est le réalisateur du film. Le film a été primé à Cannes.
  → *C'est le réalisateur dont le film a été primé à Cannes.* (… **whose** film …)

- Use **qui** for the **subject** of the relative clause, e.g. *J'ai vu un film qui s'appelle «La Haine»* (… **which** is called …).

- **Qui** can also replace an object **after a preposition** (other than *de*) if it is a person, e.g. *L'acteur avec qui elle joue est extraordinaire.* (… **with whom** she plays …).

- Use **lequel** to replace a **noun preceded by a preposition** (*avec, sans, pour, sur, dans*, etc.). It agrees in gender and number with the noun it replaces, e.g. *Tu adores toutes les comédies dans lesquelles cet acteur joue.* (… **in which** …)

- Used with *de* and *à* **lequel** changes to **duquel** and **auquel,** e.g. *C'est un film compliqué auquel il a consacré beaucoup de temps.* (… **to which** …)

1 Find the 10 relative pronouns. (There are five more words than you need!)

dontauquelàlaquelleoudesquelsquandauxquels
combienquiquellesoùquaiqueduquelauxquelles

1 _____   6 _____
2 _____   7 _____
3 _____   8 _____
4 _____   9 _____
5 _____   10 _____

2 Circle the relative pronouns and rearrange the words to make sentences. Translate the sentences into English.

1 C' d'argent un qui est coûté a beaucoup film

2 as tourné film que sur le ce Tu cinéaste a les aimé banlieues

3 toujours il rêvé a obtenu a le rôle dont Il

4 passe L' l' se à époque où occupée la histoire était France

5 comédien beaucoup qui talent j' parlé a de ai à Le

6 prépare se film Canada qu' passe il au Le

7 femme le est La soudainement amoureux disparaît dont héros

8 Elle casting connaît ne la directrice elle téléphoner de à qui doit pas

9 dernier est rôle celui sa a lancé carrière Son qui

10 jour sorti vendu à disque 200 000 s' est exemplaires le où il est Son

3 Link the sentences, using pronouns from the box.

1 *Les Misérables* est une comédie musicale. Elle a eu beaucoup de succès.

2 Tu as refusé le scénario. Ce réalisateur t'a proposé le scénario.

3 Il a dédié la chanson à sa fille. Il a écrit la chanson.

4 L'action se passe dans une ville. La ville s'appelle Issoudun.

5 Vous voulez me présenter un peintre. Vous connaissez ce peintre.

6 Je voudrais rencontrer l'artiste. J'écris une lettre à l'artiste.

7 Nous avons choisi les acteurs. Nous voudrions tourner avec ces acteurs.

8 Le concert a eu beaucoup de succès. Ils ont organisé le concert.

9 Il me semble que c'est Marion Cotillard. Marion Cotillard joue Edith Piaf dans *La Môme*.

10 Elle collectionne les affiches des films. Elle a vu ces films.

> qui x 3   que x 5   à qui x 1   avec qui x 1

4a Link the two sentences with *où* or *dont*.

1 Molière est un auteur. On étudie les pièces de Molière au collège.

2 Nous avons acheté un programme. Tout est expliqué dans le programme.

3 Le film est un chef-d'œuvre. Je t'ai parlé du film.

4 Sa carrière a débuté en 2002. Elle est arrivée à Paris cette année-là.

5 L'accident lui coûtera la vie. L'héroïne est victime d'un accident.

4b Translate into French, using *où* or *dont*.

6 The theatre where we *(on)* are going tonight is very famous.

7 It is a film he is happy with.

8 I saw that film the day it came out.

9 You *(tu)* read a book whose story takes place in 2050.

10 The scenes I remember are horrible.

5a Fill in the gaps with the correct forms of *lequel*. Remember to make *lequel* agree in gender and number.

1 *(in which)* Je cherche le passage _____ le héros meurt.

2 *(in which)* La galerie _____ nous avons vu cette sculpture se trouve à Paris.

3 *(with which)* Les amis _____ j'ai vu cette pièce sont des comédiens.

4 *(for which)* *L'Amant* est le livre _____ Marguerite Duras a reçu le prix Goncourt.

5 *(without which)* Le réalisateur a remercié les personnes _____ ce film n'aurait pas pu se faire.

5b Fill in the gaps with the correct forms of *lequel*. Remember to change the preposition as appropriate.

6 C'est la première représentation à _____ toute la presse va assister.

7 Le journaliste a posé des questions à _____ les acteurs ne pouvaient pas répondre.

8 Je pense que la femme à côté de _____ j'étais assis dans l'avion était Sophie Marceau.

9 De _____ parlez-vous? Des romans de science-fiction ou des romans policiers?

10 Les acteurs à _____ ils vont donner un oscar sont fantastiques.

6 Translate into French.

1 I can't remember the gallery where I bought that painting.

2 The actors who play in that film are famous.

3 He wrote a novel (that) everybody is talking about.

4 The sculpture you *(tu)* want to buy is very expensive.

5 The author to whom we *(nous)* talked won the Goncourt prize.

6 The gallery in which she bought a painting is in Paris.

7 The actors *(m.)* with whom he worked are very serious.

8 The painting you *(tu)* are thinking about is in the Louvre museum.

9 I read the pages on which you *(tu)* wrote some comments.

10 I live in the town near which they *(m.)* shot that film.

38 • Les pronoms interrogatifs
(Interrogative pronouns)

Use interrogative pronouns to ask questions. Choose the correct pronoun depending on whether:

- you are referring to a person or a thing,
- the pronoun is the subject, direct or indirect object,
- the person or thing is preceded by a preposition.

	Qui (who, whom) refers to a person	**Que/qu'** (what) refers to a thing	**Lequel** (which one) refers to a person or a thing, agrees in gender and number with the noun it replaces.
subject	**qui** + verb in *il*-form **qui est-ce qui** + verb in *il*-form	**qu'est-ce qui** + verb in *il*-form	**lequel/laquelle/lesquels/lesquelles**
	Qui a écrit ce livre? *Qui est-ce qui a écrit ce livre?*	*Qu'est-ce qui motive le héros?*	*Lequel est le meilleur?*
direct object	**qui** + inverted verb **qui est-ce que**	**que** + inverted verb **qu'est-ce que**	**lequel/laquelle/lesquels/lesquelles** + inverted verb
	Qui le héros aime-t-il? *Qui est-ce que le héros aime?*	*Que cherche-t-il?* *Qu'est-ce qu'il cherche?*	*Lesquels cherche-t-il?*
indirect object (after à or de)	**à qui** + inverted verb **de qui est-ce que**	**à quoi** + inverted verb **de quoi est-ce que**	**auquel/duquel** **à laquelle/de laquelle** **auxquels/desquels** **auxquelles/desquelles** + inverted verb
	À qui le héros veut-il parler? *De qui est-ce que le héros veut se venger?*	*À quoi le héros pense-t-il?* *De quoi est-ce qu'il a peur?*	*Auxquels pense-t-il?*
after other prepositions	preposition + **qui** + inverted verb	preposition + **quoi** + inverted verb	preposition + **lequel** + inverted verb
	Sur qui peut-il compter? *Chez qui va-t-il?*	*Avec quoi peint-il? Après quoi court-il?*	*Pour lequel travaille-t-il?* *Près de laquelle est-il?*

Note: Who is it? *Qui est-ce? C'est qui?* (less formal)
What is it? *Qu'est-ce que c'est? C'est quoi?* (less formal)

If the question is in the perfect tense, the past participle must agree with any preceding direct object, e.g. *Laquelle as-tu choisie? Lesquels ont-ils achetés?*

Remember that to ask a question (p. 16) you can also use:

- an interrogative adverb: **comment, pourquoi, combien, quand, où**, e.g. *Comment as-tu trouvé ce roman?*
- an interrogative adjective (which agrees in gender and number): **quel,** e.g. *Quel personnage préférez-vous? Quelle est la morale de l'histoire?*

Remember also that:

- with *il, elle* and *on*, if the verb ends in a vowel, you add -*t*- between the verb and the subject pronoun. e.g. *Que cherche-**t**-il?*
- when the subject is a noun or a proper name, you add the appropriate pronoun for inversion with the verb, e.g. *Qui **le héros** aime-t-**il**? Qui **Cyrano** aime-**t-il**?*

There is also a construction called 'stylistic inversion', where the subject follows the whole verb group. This must be used after **que**, and can be used in formal French after other interrogatives, e.g. *Que va faire le héros? De quoi avait parlé la mère?*

1 Circle the correct interrogative pronouns. Use the clues on p. 36 only if you're unsure whether a preposition is needed.

1 <u>Qui / Que</u> est le narrateur?

2 <u>Qu'est-ce que / Qu'est-ce qui</u> se passe?

3 <u>Que / À qui</u> découvre-t-on à la fin du livre?

4 <u>Lequel / Lesquelles</u> as-tu étudiées?

5 <u>Que / À qui</u> le héros demande-t-il de l'aide?

6 <u>Qui / À quoi</u> jouent les enfants?

7 <u>De quoi / À laquelle</u> l'héroïne a-t-elle peur?

8 <u>Quoi / Grâce à qui</u> apprenons-nous la vérité?

9 <u>Contre quoi / Qui</u> le héros se bat-il?

10 <u>Auxquelles / Sans quoi</u> le personnage principal ne peut-il pas vivre?

2 Rearrange the words to form questions. Rewrite the questions without *est-ce qui* or *est-ce que*.

film Qui ce réalisé le? a est qui
Qui est-ce qui a réalisé le film?
Qui a réalisé le film?

1 qui Qui -ce est a livre? écrit ce

2 veut -ce Qui est le héros tuer? que

3 À est l'héroïne -ce qui que parle?

4 l'auteur Qu' que veut est dire? -ce

5 écrit À -ce Marie qui une que lettre? est

6 qui ils qu' est Chez -ce vont?

7 -ce lesquels est que héros se Contre battent? les

8 victime? Avec quoi -ce elle est tue sa qu'

9 accuse qu' -quoi principal? est on -ce le De personnage

10 est mourir? Auxquelles qu' -ce il avant de pense

3 Write the questions with the words provided, using the tense indicated.

Qui est-ce qui / écrire / ce livre (perfect)
Qui est-ce qui a écrit ce livre?

1 Qui est-ce qui / réaliser / ce film (perfect)

2 De quoi / ce film / traiter (present)

3 Qu'est-ce qui / provoquer / l'accident (present)

4 Dans laquelle / les personnages principaux / habiter (present)

5 Auxquelles / les protagonistes / appartenir (present)

6 Qu'est-ce que / le héros / perdre (perfect)

7 À qui / l'arme du crime / appartenir (imperfect)

8 Que / il / faire (near future)

9 Lequel / arriver (present) / à échapper à la police

10 Contre qui / ils / se battre (perfect) dans la rue

4 Here are answers to 10 questions about Baudelaire. Write the questions using the shortest form in each case, e.g. *qui*, not *qui est-ce qui*.

Ils ont étudié <u>des poèmes de Baudelaire</u>.
<u>Qu'ont-ils étudié?</u>

1 C'est <u>Baudelaire</u> qui a écrit *Le Spleen de Paris*.

2 Il est devenu célèbre <u>grâce à ses poèmes *Les Fleurs du mal.*</u>

3 <u>Après avoir eu son baccalauréat</u> il décide de se consacrer à l'écriture.

4 Baudelaire tombe amoureux <u>de Jeanne Duval</u>.

5 Il est condamné <u>à retirer certains de ces poèmes</u>.

6 Il admirait <u>ceux des peintres Delacroix et Ingres</u>.

7 Il traduit <u>les œuvres d'Edgar Allan Poe</u>.

8 <u>L'héritage de son père</u> lui permet de vivre une vie de dandy.

9 Il est issu <u>du milieu bourgeois</u>.

10 Il s'est inspiré <u>de l'art, des femmes, de son séjour à l'île de la Réunion</u>.

5 Fill in the gaps using the correct forms of appropriate interrogative words from the box. Then translate the questions into English.

1 _____ cette œuvre a-t-elle été publiée?

2 _____ thèmes sont abordés dans cette œuvre?

3 _____ l'action se déroule-t-elle?

4 _____ parallèle (*m.*) peut-on faire entre ces deux œuvres?

5 _____ l'auteur crée-t-il une atmosphère tendue?

6 _____ de métaphores (*f.*) y a-t-il dans ce texte?

7 _____ mesure (*f.*) peut-on dire qu'il s'agit d'un roman réaliste?

8 _____ le poète a-t-il choisi d'aborder ce thème?

9 _____ nom l'auteur a-t-il publié son roman?

10 Selon vous, _____ raisons (*f.*) l'auteur n'a-t-il pas publié son livre?

combien	pourquoi	quel x 2	comment
sous quel	pour quel	quand	dans quel

A2 October

The **future perfect** refers to an action or event in the future which will have happened before another action or event, e.g. *Quand il arrivera en France, il **aura** déjà **trouvé** un emploi*. (When he arrives in France he will already have found a job.)

Remember that, whereas in English 'when' referring to the future is followed by the present tense, in French the future tense is used to express future actions after *quand*. See p. 54 to revise the use of the future after *quand*.

Sometimes the future perfect is translated by the **perfect tense in English**, e.g. *Il cherchera un emploi quand **il aura fini** son apprentissage*. (He will look for a job when **he has finished** (will have finished) his apprenticeship.) In this case you have to think carefully about the meaning of the sentence to make sure you choose the correct French tense.

The future perfect is a compound tense and follows the same rules as the perfect tense for the choice of the **auxiliary verb**, the **agreement** of the past participle and the **position** of the verb in the sentence (negative, adverbs, etc.). The only difference is that the **auxiliary** verb is in the **future** tense. Revise pp. 20 and 23 to make sure you know which auxiliary verb to use, how to make the past participle agree and the position of adverbs.

finir	aller	s'inscrire
j'aurai fini	je serai allé(e)	je me serai inscrit(e)
tu auras fini	tu seras allé(e)	tu te seras inscrit(e)
il/elle/on aura fini	il/elle on sera allé(e)	il/elle/on se sera inscrit(e)
nous aurons fini	nous serons allé(e)s	nous nous serons inscrit(e)s
vous aurez fini	vous serez allé(e)(s)	vous vous serez inscrit(e)(s)
ils/elles auront fini	ils/elles seront allé(e)s	ils/elles se seront inscrit(e)s

In subordinate clauses beginning with conjunctions such as ***quand, lorsque, dès que*** and ***aussitôt que*** the future perfect denotes that the action will have been completed before the action of the main clause.

He will finish his apprenticeship. He will look for a job. →
He will look for a job <u>as soon as</u> he has finished (he will have finished) his apprenticeship.

Il finira son apprentissage. Il cherchera un emploi. →
*Il cherchera un emploi <u>dès qu'</u>il **aura fini** son apprentissage.*

They will finish preparing the meals. They will open the doors. →
They will open the doors <u>as soon as</u> they have finished (they will have finished) preparing the meals.

Ils finiront de préparer les repas. Ils ouvriront les portes. →
*Ils ouvriront les portes <u>aussitôt qu'</u>ils **auront fini** de préparer les repas.*

1a Write the sentences in the singular.

1. Ils auront quitté leur bidonville.
2. Vous aurez réussi à trouver un emploi.
3. Elles ne se seront pas battues pour rien.
4. Nous n'aurons pas perdu espoir.
5. Ils seront descendus dans la rue.

1b Make all possible elements of the sentences plural.

6. J'aurai mis fin à la bagarre.
7. Tu auras choisi un meilleur copain.
8. Le propriétaire n'aura pas augmenté le loyer.
9. Mon voisin ne se sera pas disputé avec elle.
10. Je serai sorti de la misère.

2 Complete the sentences with the correct auxiliary in the future tense.

1 Il _____ trouvé un logement.
2 Nous _____ gagné assez d'argent.
3 Je n'_____ pas perdu confiance en moi.
4 Ses parents _____ appris le français.
5 Vous n'_____ pas cessé d'espérer.
6 Il _____ allé à l'ANPE.
7 Je _____ retournée au travail.
8 Ils ne _____ pas venus pour rien.
9 Nous nous _____ inscrits au chômage.
10 La situation ne se _____ pas aggravée.

3 Complete the sentences with the future perfect of the verbs provided.

1 Elle sera moins démunie quand elle _____ du travail. *(trouver)*
2 Quand ils _____ de prison, ils essaieront de rester sur le droit chemin. *(sortir)*
3 Dès que nous _____ nos passeports, nous partirons en Afrique. *(recevoir)*
4 Comme d'habitude, la police arrivera quand les délinquants _____ *(disparaître)*
5 Quand vous _____ tout _____, la cité sera encore pire. *(casser)*
6 Nous ne sortirons que quand la police _____ le calme. *(ramener)*
7 Lorsque tu _____ assez d'argent, tu pourras aller vivre ailleurs. *(économiser)*
8 Aussitôt que tout le monde _____ la pétition, nous la porterons au maire. *(signer)*
9 Quand ils _____ de la drogue, ils se sentiront encore plus mal. *(prendre)*
10 Nous pourrons trouver un appartement dès que nous _____ à la mairie. *(s'inscrire)*

4 Rewrite the sentences using the conjunctions in brackets + future perfect. Note that the order of the sentences may need to change.

Je mangerai. Je sortirai. *(quand)*
Je sortirai quand j'aurai mangé.

1 Vous trouverez un emploi. Vous aurez plus d'argent. *(quand)*
2 Il préparera les repas. Il ouvrira les portes du centre aux SDF. *(dès que)*

3 Ils serviront des repas chauds. Ils nettoieront le centre. *(aussitôt que)*
4 Nous finirons notre stage. Nous deviendrons bénévoles. *(lorsque)*
5 Le gouvernement ouvrira plus d'abris. Plus de SDF pourront dormir au chaud. *(quand)*
6 Tu trouveras un domicile fixe. Tu pourras t'inscrire à l'ANPE. *(aussitôt que)*
7 Ils s'installeront dans un endroit sec. Ils dormiront. *(lorsque)*
8 Elle ira au marché. Elle aura de quoi manger. *(quand)*
9 Je *(f.)* m'inscrirai au chômage. J'aurai un revenu fixe. *(dès que)*
10 On touchera l'allocation logement. On paiera le loyer. *(aussitôt que)*

5a Translate into English.

1 Il achètera une moto dès qu'il aura passé son permis.
2 Ils sortiront de prison aussitôt qu'ils auront fini leur peine.
3 Nous comprendrons mieux les problèmes des SDF lorsque nous serons allés dans un Resto du Cœur.
4 Vous trouverez peut-être un emploi quand vous vous serez inscrit à l'ANPE.
5 Je me sentirai moins opprimé lorsque je n'aurai plus à vivre dans un quartier défavorisé.

5b Translate into French.

6 They will buy a flat when they have saved enough money.
7 He will have worked as a volunteer before finding a job.
8 I think that she will have lost her job because of it.
9 You *(vous)* will not have finished your prison sentence when you are 60 years old.
10 I will like this suburb as soon as I have lived there for a few months.

40 • L'inversion
(Inversion)

A2 October

The normal word order in a sentence is subject (noun or pronoun) + verb, e.g. **Les banlieues défavorisées posent** de nombreux problèmes. **Ils rejettent** souvent le mode de vie de leurs parents.

In inversion, the noun or pronoun follows its verb. This may happen for various reasons:

A To turn a sentence into a **question** (see p. 16).

  Ils vont mettre fin à la violence. ➤ **Vont-ils** mettre fin à la violence?

B After question words such as **combien de, quand, où, pourquoi**, etc., e.g. Combien de fois **avez-vous essayé**? (See p. 16.)

C After **direct speech**, e.g. «Je n'ai pas pris part à la manifestation», **a-t-il dit**. ('I did not take part in the demonstration,' **he said**.) «La situation devient intenable», **a expliqué un résidant**. ('The situation is becoming untenable,' **explained a resident**.)

D In sentences introduced by adverbs such as **à peine** (hardly), **aussi** (and so), **ainsi** (in this way), **en vain** (in vain), **peut-être** (perhaps), and **sans doute** (no doubt), e.g. Sans doute **deviendra-t-il** policier. (No doubt **he will become** a police officer.) Peut-être **ont-ils vu** ce qui s'était passé. (Perhaps **they saw** what happened.) En vain **a-t-elle essayé** de s'intégrer. (In vain did she try to integrate.)

  • After **peut-être**, inversion can be avoided by the use of **que**, e.g. **Peut-être que** le maire trouvera une solution. (Perhaps the mayor will find a solution.)

  • After **à peine**, **que** is usually used before the **second** verb, e.g. À peine **était-il** arrivé **qu'**elle est partie. (Hardly had he arrived **when** she left./No sooner had he arrived **than** she left.)

E In good French style after **que, ce que, dont** and **où** when the subject is a noun, e.g. Le gouvernement ne comprend pas vraiment **ce que veulent les jeunes**. (The government does not really understand **what young people want**.)

To use inversion correctly, note these further points:

• To avoid having two vowels together (e.g. a-elle) **-t-** is placed between the verb and **the pronoun**, e.g. Elle a ➤ **A-t-elle?**

• Inversion is not normally used with **je** in the present tense, except with some common irregular verbs, e.g. Suis-je? Ai-je? Puis-je?

  In this case the question is formed with **est-ce que** (see p. 16), e.g. Je gagne assez. ➤ Est-ce que je gagne assez?

• There is **no** Inversion in sentences beginning with jamais and non seulement, although it is needed in the equivalent English expressions, e.g. Non seulement **il est** au chômage mais il n'a pas de logement non plus. (Not only is he unemployed but he does not have lodgings either.)

• In **simple tenses** (present, future, imperfect, etc.) the pronoun follows the verb, and is linked by a hyphen, e.g. **Gagnez-vous** assez d'argent?

  In **compound tenses** (perfect, pluperfect, etc.) the pronoun follows the **auxiliary** verb, e.g. **Ont-ils** trouvé un emploi?

  With verbs followed by an **infinitive** the pronoun follows the **conjugated** verb, e.g. **Allons-nous** gagner le SMIC? Comment **peuvent-ils** vivre dans de telles conditions?

• In questions and after adverbs (points A, B, and D), if the subject is a **noun**, it is placed before the inverted verb + appropriate pronoun, e.g. Le gouvernement **a-t-il** pris les mesures nécessaires?

  Note that: Est-ce que le gouvernement a pris les mesures nécessaires? is an acceptable alternative.

• In the **negative** form place **ne ... pas** around the inverted verb and pronoun, e.g. **Ne** travaille-t-il **pas**? **N'**ont-ils **pas** pris part aux émeutes?

1a Make the verbs singular if they are plural and vice versa.

1 Allez-vous vous installer ici?
2 Ne supportent-ils pas ces mesures?
3 Vas-tu soutenir le gouvernement?
4 Ai-je réussi à te convaincre?
5 Ne se comporte-t-il pas stupidement?

1b Turn the following sentences into questions using inversion.

6 On a perdu tout ce qu'on avait.
7 Tu n'as pas compris la gravité de la situation.
8 Vous avez vécu des journées difficiles.
9 Le maire cherche un remède au problème.
10 Les jeunes ne vont pas renoncer à la lutte.

2a Rewrite the sentences as direct speech. Remember that the tense and the pronouns will be different.

Il a dit qu'il avait faim.
«J'ai faim», a-t-il dit.

1 Elle a affirmé que les jeunes avaient incendié des voitures.
2 Nous avons riposté que nous voulions vivre dans de meilleures conditions.
3 J'ai ajouté que j'en avais assez d'être harcelé par la police.
4 Le maire a répondu qu'il ne pouvait plus tolérer la situation.
5 Ils ont dit qu'ils se sentaient toujours surveillés.

2b Rewrite the questions using inversion.

6 Combien de fois est-ce que la police l'a arrêté?
7 Où est-ce qu'ils se sont réfugiés?
8 Pourquoi est-ce que vous voulez déménager?
9 Est-ce que la cité a retrouvé le calme?
10 Quand est-ce que les émeutes ont pris fin?

3 Complete the passage, using the present tense of the words in brackets, and inversion. Add a pronoun if necessary.

Pourquoi (1) *(il, se faire)* insulter? Parce qu'il s'appelle Mohammed et qu'il est immigré. En vain (2) *(il, essayer)* de trouver un emploi. «C'est toujours la même réponse: retourne dans ton pays», (3) *(il, expliquer)* avec colère. Pourtant, (4) *(il, ne pas être)* ici chez lui? Il est né à Sarcelles, dans la banlieue parisienne, aussi (5) *(il, se considérer)* français. Il habite au-dessus du magasin (6) *(où, travailler)* ses parents.

Peut-être son style vestimentaire (7) *(offenser)* les bonnes gens. «Bien sûr, (8) *(il, admettre)* avec un petit sourire, que j'aime être différent.» Comment Mohammed (9) *(envisager)* l'avenir? Sans doute (10) *(il, préférer)* ne pas y penser.

4 Rewrite the sentences, starting each with the adverb in brackets.

1 Ils ont eu tort de réagir aussi violemment. *(sans doute)*
2 On cherche une solution au problème. *(en vain)*
3 Les jeunes ont attaqué la police car ils avaient besoin de se venger. *(sans doute)*
4 Il sortait de chez lui, il a été attaqué. *(à peine + qu')*
5 Vous allez pouvoir bientôt réparer les dégâts. *(peut-être)*
6 Ce n'est pas un remède à long terme. *(sans doute)*
7 Les forces de l'ordre essaient de rétablir le calme. *(en vain)*
8 Les émeutes feront comprendre le problème des banlieues. *(peut-être)*
9 Nous pouvons maintenant espérer une amélioration. *(sans doute)*
10 La police a sa part de responsabilités à prendre. *(peut-être)*

5 Give each sentence a letter (A–E from the grammar box) showing why inversion is used. Translate into English.

1 Combien de voitures ont-ils détruites?
2 «Parce que la situation est devenue intolérable», a-t-il expliqué.
3 Le gouvernement va-t-il faire face à ses responsabilités?
4 Sans doute ont-ils le sentiment d'être exclus.
5 Il faut comprendre ce qu'est la vie dans ce quartier.

The conditional perfect is used to express actions that **would have happened** in the past if circumstances had been different. It means 'would have (done)'.

It is a compound tense and follows the same rules as the perfect tense for the choice of **auxiliary verb**, the **agreement** of the past participle and the **position** of the verb in the sentence (negative, adverbs, etc.). The only difference is that the **auxiliary** verb is in the **conditional**.

finir	aller	se lever
j'aurais fini	je serais allé(e)	je me serais levé(e)
tu aurais fini	tu serais allé(e)	tu te serais levé(e)
il/elle/on aurait fini	il/elle/on serait allé(e)	il/elle/on se serait levé(e)
nous aurions fini	nous serions allé(e)s	nous nous serions levé(e)s
vous auriez fini	vous seriez allé(e)(s)	vous vous seriez levé(e)(s)
ils/elles auraient fini	ils/elles seraient allé(e)s	ils/elles se seraient levé(e)s

J'aurais choisi une autre solution. (I would have chosen a different solution.)
Ils ne seraient pas allés en Afrique. (They would not have gone to Africa.)
Elles **se seraient levées** plus tôt. (They would have got up earlier.)

The conditional perfect tense of devoir, **j'aurais dû**, means 'ought to have/should have', e.g. Il **aurait dû** signer le traité. (He should have signed the treaty.)

The conditional perfect is often required in the main part of a sentence linked to a **si** clause in the pluperfect, e.g. S'il ne s'_était_ pas _dopé_, il n'**aurait** pas **gagné**.(If he had not taken drugs, he would not have won.)

In the media the conditional perfect is often used to report events which are **uncertain or unverified**, e.g. Une bombe **aurait explosé** dans le centre de la ville. (A bomb may have exploded in the town centre.)

A2 November

1 Convert these verbs from the future perfect to the conditional perfect, by changing the auxiliary from the future to the conditional.

1   Il aura travaillé
2   Nous aurons trouvé
3   J'aurai émigré
4   Ils auront provoqué
5   Elle n'aura pas supporté
6   Vous serez resté
7   Nous ne serons pas allées
8   Ils se seront battus
9   Elle ne se sera pas intégrée
10 Tu ne te seras pas défendu

2 Complete the conditional perfect sentences by filling in the correct auxiliary in the conditional tense.

1   Nous _____ résisté à l'attaque.
2   Ils n'_____ pas construit cet hôpital.
3   L'armée _____ détruit le réseau.
4   Les rebelles se _____ réfugiés dans les terres.
5   Ils ne _____ pas allés en prison.
6   Vous n'_____ pas accepté le compromis.
7   Nous _____ entrés en guerre.
8   Le gouvernement _____ donné son accord.
9   Les insurgés se _____ opposés à l'armée.
10 La paix _____ revenue.

3a Make the subjects of the sentences singular, and amend the verbs accordingly.

1 Ils n'auraient pas retrouvé les otages.
2 Elles ne seraient pas arrivées à temps.
3 Vous ne vous seriez pas opposés à la guerre.
4 Nous n'aurions pas pris la fuite.
5 Les soldats n'auraient pas torturé les rebelles.

3b Make the subjects of the sentences plural, and amend the verbs accordingly.

6 Il aurait voté contre.
7 J'aurais signé immédiatement.
8 Tu serais revenu en France.
9 Elle se serait emparée des armes.
10 Il aurait dénoncé la rumeur.

4 Match the sentence halves to form meaningful sentences.

1 Si la France n'avait pas eu besoin de main-d'œuvre,
2 Si vous aviez demandé le droit d'asile,
3 Si tu n'avais pas été marocain,
4 Si je n'avais pas été maghrébin,
5 Si mes parents ne s'étaient pas autant privés,
6 S'ils n'avaient pas quitté leur pays d'origine,
7 Si nous n'avions pas été livrés à nous-mêmes,
8 Si ses parents lui avaient donné plus d'indépendance,
9 Si je n'avais pas eu besoin d'argent,
10 Si le maire n'avait pas été raciste,

A nous ne serions pas devenus délinquants.
B tu aurais sans doute obtenu le poste.
C je n'aurais pas pu faire des études supérieures.
D elle ne se serait pas enfuie de chez elle.
E je n'aurais pas volé dans les magasins.
F il aurait fait beaucoup plus pour nous.
G elle n'aurait pas encouragé l'immigration.
H mes parents auraient fini en prison.
I la police ne m'aurait pas arrêté.
J vous auriez pu rester en France.

5 Fill in the gaps with the the conditional perfect of appropriate verbs from the box.

On annonce que de violents combats (1) _____ dans le sud du pays. Des chars et des blindés (2) _____ dans la ville, plusieurs bombes (3) _____ devant un hôpital et (4) _____ un grand nombre de femmes et d'enfants. Peu de temps après, un attentat au camion piégé (5) _____ la mort de trois soldats britanniques. À titre de représailles, l'armée (6) _____ plusieurs militants et les (7) _____. On annonce aussi que si l'armée n'était pas intervenue, la population (8) _____ à des pillages. Malheureusement, le calme ne (9) _____ pas _____ et le gouverneur de la ville (10) _____ le couvre-feu dans toute la province.

> arrêter   avoir lieu   causer   entrer   exploser
> imposer   se livrer   revenir   torturer   tuer

6a Translate into English.

1 Le Royaume-Uni n'aurait pas déclaré la guerre à l'Irak.
2 Les députés se seraient opposés à la loi.
3 On aurait dû considérer tous les faits.
4 Si on avait attendu, on aurait évité le conflit.
5 S'ils avaient collecté plus d'argent, ils auraient pu construire un hôpital.

6b Translate into French.

6 We would have saved more children.
7 A (terrorist) attack would have killed 10 people.
8 They (*m.*) would not have come to France.
9 You (*vous*) should not have tolerated the situation.
10 If her parents had been less strict she would have integrated better.

The passive voice is formed from the **past participle** with the verb **être**. See p. 64 to revise this in the present tense. As in English, the passive can be used in any tense by changing the tense of the verb **être**.

Tense	Example	Meaning
Present	*Les émigrés **sont** souvent exclus.*	Immigrants **are** often excluded.
Perfect (we know when it happened)	*Le centre d'accueil **a été** fermé, il y a deux ans.*	The reception centre **was** closed two years ago.
Imperfect (state of affairs/it happened over a period of time)	*Les propos racistes **étaient** interdits.*	Racist comments **were** forbidden.
Future	*Le nouveau centre **sera** bientôt ouvert.*	The new centre **will soon be** opened.
Near future	*Les réfugiés **vont être** relogés.*	The refugees are going to be rehoused.
Conditional	*La loi **serait** passée sans problèmes.*	The law **would be** passed without any problems.
Future perfect	*Nous **aurons été** traités comme des prisonniers.*	We **will have been** treated like prisoners.
Conditional perfect	*Elle **aurait été** mariée sans son consentement.*	She **would have been** married without her consent.
Pluperfect	*Ils **avaient été** élevés dans un bidonville.*	They **had been** brought up in a shanty town.

- The past participle must **agree** with its subject, e.g. *Elle a été renvoyée en Algérie.*
- Only **transitive** verbs (verbs which take a direct object) can be used in the passive voice, e.g. *Le policier **a arrêté** un adolescent.* ➔ *Un adolescent **a été arrêté** par le policier.*

French people tend to avoid the passive whenever possible:

- by using **on** to refer to a person or people without saying who they are, e.g. *Les taudis **ont été démolis**.* ➔ **On a démoli** *les taudis.* (The slums have been pulled down. ➔ They've pulled down the slums.)
- by using a reflexive verb, e.g. *La situation **s'explique** facilement.* (The situation is easily explained.)

1 **Match the French and English verbs in the passive.**

1 Elle a été élue. ☐
2 Nous sommes maltraités. ☐
3 Ils seront mobilisés. ☐
4 Vous auriez été impliqués. ☐
5 Il ne sera pas construit. ☐
6 Tu n'aurais pas été accepté. ☐
7 Elles étaient interdites. ☐
8 Je suis visé. ☐
9 Ils n'ont pas été blessés. ☐
10 Elle aura été informée. ☐

A I am targeted.
B She was elected.
C It will not be built.
D She will have been informed.
E We are mistreated.
F They have not been injured.
G They will be mobilised.
H They were forbidden.
I You would have been implicated.
J You would not have been accepted.

2 Identify the tenses used. Translate into English.

1. Les demandeurs d'asile sont souvent traités avec suspicion.
2. Certaines nationalités seront surreprésentées dans le centre d'accueil.
3. Les sans-papiers seront refoulés hors de France.
4. La nourriture est très injustement répartie.
5. Les récoltes ont été détruites par les inondations.
6. Les bâtiments seront reconstruits par l'armée.
7. Ces pays étaient colonisés inhumainement.
8. Les habitants du village auraient été massacrés.
9. Les pays en voix de développement sont exploités par les pays riches.
10. Les enfants avaient été vaccinés contre la tuberculose.

3a Make all elements of the sentences singular.

1. Les émeutes ont été maîtrisées.
2. Nous sommes exploitées par les patrons.
3. Vous serez touchés par le chômage.
4. Les réfugiés auraient été expulsés.
5. Les drogues étaient interdites.

3b Make all elements of the sentences plural.

6. J'ai été attaquée.
7. Il aura été torturé.
8. Tu n'es pas intégré.
9. La mosquée sera détruite.
10. Le coupable a été appréhendé.

4 Fill in the gaps with the correct form of *être*.

1. Le port du maillot jaune _____ créé en 1919. *(Perfect)*
2. Le vainqueur de l'étape _____ déclassé après l'arrivée. *(Present)*
3. Plusieurs échantillons de sang _____ envoyés au laboratoire. *(Conditional perfect)*
4. La seconde analyse _____ pratiquée dans les prochains jours. *(Future)*
5. Les documents _____ soumis au comité antidopage. *(Future)*
6. Le vainqueur n'_____ pas visé par ce contrôle. *(Imperfect)*
7. Nous n'_____ pas _____ informés des résultats. *(Perfect)*
8. Quatre coureurs _____ exclus de la course. *(Future perfect)*
9. Le départ _____ donné en l'absence du dossard numéro un. *(Future)*
10. La cinquième étape _____ annulée à cause du dopage. *(Perfect)*

5 Rewrite the sentences using *on* instead of the passive voice.

Les terroristes ont été arrêtés.
On a arrêté les terroristes.

1. Les illettrés seront éduqués.
2. Un hôpital a été construit dans le village.
3. Les réfugiés seront hébergés dans des centres d'accueil.
4. Ces bidonvilles seraient démolis.
5. Les sols cultivables sont mal utilisés.
6. Beaucoup de médecins ont été formés.
7. Le village avait été complètement détruit.
8. Les enfants seront nourris régulièrement.
9. Les frontières n'auraient pas été fermées.
10. Les paysans auront été indemnisés.

6 Replace the active voice with the passive, using the words in brackets. Remember to make the past participle agree where necessary.

On a créé des tensions. *(le Front National)*
Des tensions ont été créées par le Front National.

1. On libèrera tous les otages. *(l'armée)*
2. On a distribué de la nourriture. *(les bénévoles)*
3. On évacue tous les habitants. *(les équipes de secours)*
4. On avait reconstruit l'école. *(les habitants)*
5. On aurait interdit la manifestation. *(le gouvernement)*
6. On a arrêté tous les sans-papiers. *(la police)*
7. On n'accepte plus la situation. *(les réfugiés)*
8. On aura relogé presque tous les sinistrés. *(la commune)*
9. On proposerait un compromis. *(l'Union européenne)*
10. On a modernisé les installations. *(la municipalité)*

The subjunctive is used to express **doubt, emotion, judgement, necessity** and **possibility**. See p. 70 to revise the present subjunctive. It is almost always introduced by **que** and is used after:

A some impersonal expressions (**il faut que, il est nécessaire que, il est important que**, etc.).

B certain conjunctions (**afin que, pour que, bien que, quoique**, etc.).

C verbs of wishing, feeling, doubting (**aimer (mieux) que, avoir peur que, craindre que, être content que, s'étonner que**, etc.).

D **croire** and **penser, but only** in the **negative** or **interrogative** (question) forms, e.g. *Je ne pense pas que tu **puisses** le faire.* (I don't think that you can do it.) *Crois-tu que ce **soit** possible?* (Do you think it is possible?)

E The perfect subjunctive (see below) should be used after a **superlative** (*le/la/les plus/moins*), e.g. *C'est la plus belle carte que **j'aie reçue**.* (It is the nicest card that I received.) *C'est le meilleur film que **j'aie jamais vu**.* (It is the best film I ever saw.)

The **perfect** subjunctive is used for the same reasons as the present subjunctive whenever a past tense is needed.

- When the action in the dependent clause takes place **at the same time** as that in the main clause, the present tense is used, e.g. *Elle est contente que tu viennes.* (She is happy that you are coming.)
- When the dependent clause takes place **before** the main clause, a past tense is used, e.g. *Elle est contente que tu sois venu.* (She is happy that you came.)

The perfect subjunctive is a **compound** tense, formed with an auxiliary in the present subjunctive and a past participle. All the rules that apply to other compound tenses (choice of auxiliary, past participle agreement, position of adverbs and negative expressions) apply to the perfect subjunctive, e.g. *Il se peut qu'elle soit arrivée trop tard. Il est étonnant qu'il n'ait pas compris.*

choisir	aller	se tromper
que j'aie choisi	que je sois allé(e)	que je me sois trompé(e)
que tu aies choisi	que tu sois allé(e)	que tu te sois trompé(e)
qu'il/elle/on ait choisi	qu'il/elle/on soit allé(e)	qu'il/elle/on se soit trompé(e)
que nous ayons choisi	que nous soyons allé(e)s	que nous nous soyons trompé(e)s
que vous ayez choisi	que vous soyez allé(e)(s)	que vous soyez trompé(e)(s)
qu'ils/elle aient choisi	qu'ils/elles soient allé(e)s	qu'ils/elles se soient trompé(e)s

*Je m'étonne qu'il **ait pris** cette décision.* (I am surprised that he took this decision.)
*Je regrette qu'elle **soit allée** à la réunion.* (I regret that she went to the meeting.)
*Il est possible qu'elle **se soit trompée**.* (It is possible that she made a mistake.)

1a Circle the verb in the present subjunctive.

1 (a) je viens (b) il vienne (c) nous viendrons
2 (a) je sois (b) je suis (c) je sais
3 (a) il est (b) il a (c) il ait
4 (a) tu comprenais (b) tu comprends (c) tu comprennes
5 (a) je puisse (b) je puis (c) je peux

1b Circle the verb in the perfect subjunctive.

6 (a) il a pris (b) il ait pris (c) il avait pris
7 (a) ils soient arrivés (b) ils sont arrivés (c) ils étaient arrivés
8 (a) je me suis trompé (b) je me serai trompé (c) je me sois trompé
9 (a) elles n'ont pas réussi (b) elles n'aient pas réussi (c) elles n'auraient pas réussi
10 (a) tu es accepté (b) tu aies accepté (c) tu as accepté

A2 December

2a Make the subjunctive clause in these sentences singular.

1 Bien qu'ils soient devenus végétariens, ils ont une alimentation variée.

2 Il est possible que vous ayez contaminé les champs voisins.

3 Il est regrettable qu'ils aient accepté de cultiver du maïs OGM.

4 Il se peut que nous n'ayons pas vraiment compris le problème.

5 Je m'étonne qu'elles ne soient pas arrivées à une meilleure solution.

2b Make the subjunctive clause in these sentences plural.

6 Il se peut que j'aie déjà mangé des produits OGM.

7 Il semble qu'elle soit devenue résistante aux parasites.

8 Je suis contente que tu n'aies pas accepté cette conclusion.

9 Je ne pense pas qu'il se soit expliqué très clairement.

10 Il n'est pas sûr que tu aies prouvé leur danger.

3 Fill in the gaps with the correct tense of the subjunctive of the verbs in brackets.

1 Il faut que la ville _____ un défilé pour le 14 juillet. (organiser)

2 C'est bientôt Noël, il faut que nous _____ notre liste de cadeaux. (faire)

3 Il est essentiel que j'_____ les invitations demain. (envoyer)

4 Je suis déçue qu'on _____ le feu d'artifice hier. (rater)

5 Il est nécessaire que tu _____ un déguisement pour le carnaval. (acheter)

6 Il est désolé que tu ne _____ pas _____ sa carte d'anniversaire. (recevoir)

7 Bien qu'il _____ sa retraite, il est toujours très actif. (prendre)

8 Il est étonnant qu'ils _____ le week-end dernier. (se marier)

9 C'était une excellente soirée. Je suis contente que tu m' _____. (inviter)

10 Bien qu'elle _____ il y a trois ans, elle n'est pas encore mariée. (se fiancer)

4 For each sentence write A–E (from the grammar box) to show why a subjunctive is required, and present or perfect for the tense used.

1 Il est essentiel que tous se soumettent au même code vestimentaire.

2 On ne pense pas que le port du voile porte atteinte à l'éducation.

3 Il est important qu'aucun examen important ne soit organisé le jour d'une grande fête religieuse.

4 Il est regrettable que le MRAP s'en soit mêlé.

5 Elle a été acceptée en cours bien qu'elle ait refusé d'enlever son voile.

6 C'est la pire décision qu'ils aient prise.

7 Crois-tu que les jeunes musulmanes puissent un jour s'émanciper?

8 Il faut que tout le monde obéisse au règlement de l'établissement scolaire.

9 On regrette que les convictions religieuses justifient souvent un absentéisme sélectif.

10 On craint que le port du foulard ne soit devenu une forme de rébellion.

5 Fill in the gaps with the correct form of appropriate verbs from the box. Six should be in the perfect indicative and four in the perfect subjunctive.

1 Il pense qu'elle _____ _____ une erreur.

2 J'espère que tu n'_____ pas _____ d'avis.

3 C'est le meilleur repas que nous _____ jamais _____.

4 Je crains qu'ils ne _____ _____ trop tard.

5 Il croit qu'il _____ enfin _____ la solution.

6 Il est déçu qu'elle _____ _____ son invitation.

7 Nous sommes sûrs que vous n'_____ pas _____ la vérité.

8 Il est évident que la réunion _____ _____ beaucoup de monde.

9 Nous sommes surpris qu'ils n'_____ pas _____ notre cadeau.

10 Elle sait que je n'_____ pas _____ pour elle.

> arriver   attirer   changer   dire   faire
> manger   recevoir   refuser   trouver   voter

44 • Les infinitifs dépendants
(Dependent infinitives)

Les infinitifs dépendants (Dependent infinitives)

When an infinitive is used after another verb, it is called a dependent infinitive. You have already met some verbs followed by dependent infinitives. These are summarised below, but please refer to p. 12 for more detail:

- **modal verbs** (verbs expressing ability, possibility, condition, necessity) such as *pouvoir, devoir, falloir, savoir, oser*, e.g. *Je **veux fêter** Noël en famille.*

- verbs expressing **opinions, likes and dislikes, hopes and intentions** such as *penser, croire, aimer, adorer, désirer, haïr, valoir, vouloir, espérer, compter, imaginer*, e.g. *J'**adore fêter** Noël en famille. Je **compte fêter** Noël en famille.* (I intend to celebrate …)

There are other verbs which are followed by dependent infinitives:

- **faire** (to have or get something done, to make someone do something) and **laisser** (to let, to allow), e.g. *Elle m'a **fait écrire** des cartes de vœux.* (She made me write New Year cards.) *Je **laisse** les enfants **dormir**.* (I let the children sleep.)

- **verbs expressing movement** such as *aller, rentrer, sortir, retourner, partir, venir*, e.g. *Je **rentre fêter** Noël en famille.* (I go home to celebrate …)

- **verbs of senses** such as *écouter, entendre, regarder, sentir, voir*, e.g. *J'ai **vu** mon frère **ouvrir** ses cadeaux.* (I saw my brother opening his presents.) *Je la **regarde préparer** le gâteau.* (I'm watching her make the cake.)

Remember (see e.g. p. 37) that in the perfect tense (and similar compound tenses), the **past participle agrees** after *avoir* **if its direct object is before it**, e.g. *Je les ai faits.* (I made them.) *C'est Sophie que j'ai entendue chanter.* (It was Sophie I heard singing.) Note that when **fait** is followed by a dependent infinitive, it **never** agrees: *Je les ai fait faire.* (I had them made.) *C'est Sophie que j'ai fait venir.* (It's Sophie I got to come.)

Remember to use the **perfect infinitive** (p. 68) to indicate that an event happened before another one, e.g. *Elle s'est excusée de ne pas **être venue** à la fête.*

You can also use the infinitive **to avoid using the subjunctive** (p. 70). Sometimes you need to replace *que* by *de*, e.g. *Il est inutile que tu lui fasses un cadeau.* ➔ *Il est inutile **de** lui faire un cadeau.*

---

1 Rewrite the sentences, using the present tense of the verbs in brackets.

Lucas décore le sapin. *(aimer)*
Lucas <u>aime décorer</u> le sapin.

1 Fred offre des roses pour la Saint-Valentin. *(adorer)*

2 Nous achetons un sapin de Noël. *(devoir)*

3 Je vais à Roland-Garros cette année. *(compter)*

4 Vous allez à la fête foraine. *(espérer)*

5 Tu fais des blagues le 1er avril. *(pouvoir)*

6 Fabrice célèbre son anniversaire en boîte avec ses copains. *(penser)*

7 Je mange des huîtres. *(vouloir)*

8 Elle embrasse Fabien sous le gui. *(imaginer)*

9 Les druides se servent des plantes. *(savoir)*

10 Il ouvre les cadeaux avant le 25 décembre. *(ne pas falloir)*

2 Write the missing verbs from the box. Translate the sentences into English.

1 Ses parents la ___ au festival des *Vieilles charrues*.
2 Les BD d'Astérix me ___ .
3 Son copain ___ des roses pour la Saint-Valentin.
4 Les enfants ___ les œufs de Pâques dans le jardin.
5 Tu ___ du champagne pour le Nouvel An.
6 Nous ___ l'apéritif samedi prochain.
7 Je ne t'ai pas ___ .
8 Ils ___ les enfants ___ le sapin.
9 Nous ___ le professeur ___ ce qu'est le Ramadan.
10 Elle a ___ Michaël ___ une histoire aux enfants.

> écoutons expliquer   font rire   sortent chercher
> entendu raconter   regardent décorer
> viendrons boire   est parti acheter
> retournes acheter   entendu chanter
> laissent aller

3a Rewrite the sentences, replacing the subjunctive with an infinitive.

Il est possible que vous visitiez une mosquée.
Il *est possible de visiter une mosquée.*

1 Il est possible que vous assistiez à une corrida.
2 C'est normal qu'on achète du muguet car c'est le 1er mai.
3 Il faudrait qu'on continue à lire des contes aux enfants.
4 C'est bizarre qu'il ne sache pas les paroles de l'hymne national.
5 Pour se marier, il est nécessaire que les filles aient 15 ans et que les garçons aient 18 ans.

3b Link the pairs of sentences with the prepositions in brackets. In each case the preposition should be followed by an infinitive in the perfect tense.

On a préparé la pâte. Ensuite on a fait des crêpes. *(après)*
Après avoir préparé la pâte, on a fait …

6 On a pris l'apéritif sur la terrasse. On a dîné à l'intérieur. *(après)*
7 Les enfants ne sortent pas de table. Ils n'ont pas fini de manger. *(avant de)*
8 Ils ont eu des enfants. Ils ne sont pas mariés. *(sans)*
9 Sadia est allée à la fête de la musique. Elle n'a pas révisé. *(au lieu de)*
10 Elle a besoin d'aide. Elle prépare le réveillon de Noël. *(pour)*

4 Write the missing forms of verbs from the box in the tense indicated.

1 Tu l' ___ dans la chorale de l'école. *(present)*
2 Ses parents lui ___ au père Noël. *(perfect)*
3 J' ___ les anniversaires. *(present)*
4 Je ___ mes cheveux pour mon mariage. *(near future)*
5 Elle ___ au feu d'artifice. *(perfect)*
6 On ___ la bise à tout le monde. *(present)*
7 Manon ___ les bougies du gâteau. *(future)*
8 Tu ___ son anniversaire. *(perfect)*
9 Il ___ de décorer le sapin. *(conditional)*
10 ___ le dessert avec nous! *(imperative)*

> ne pas manquer de lui souhaiter
> écouter chanter   se dépêcher d'allumer
> laisser pousser   venir prendre
> ne pas vouloir aller   avoir tendance à oublier
> devoir faire   faire croire   falloir terminer

5 Translate into French.

1 I want to celebrate New Year's Eve in New York.
2 My family is going to go and see the fireworks.
3 I will come and listen to your next concert.
4 We (*nous*) listened to my grandmother telling stories.
5 I had a cake made.
6 They (*m.*) don't feel like going to see a bullfight.
7 I find it difficult to stay at (the) table for three hours.
8 It is essential not to forget to say Happy New Year.
9 My parents are going to let me go to a nightclub on New Year's Eve.
10 You (*tu*) would like to know the Canadian traditions.

1 Write the questions to go with these answers by adding a question word and/or inverting the subject and verb where appropriate. The questions must be about the element underlined.

Ils habitent en France. *Où habitent-ils?*

1 Elle a trouvé un emploi le mois dernier.

2 Il travaille avec son père.

3 Nous irons à Bordeaux.

4 J'ai choisi un bac S.

5 Ils apprennent bien.

6 Nous voulons étudier les langues.

7 Oui, nous avons réussi.

8 Je vais réviser pendant trois heures.

9 Mon prof l'a dit.

10 Nous allons passer deux examens.

2 Rewrite the sentences, linking each pair with *qui* or *que*.

1 Elle a un nouveau petit ami. Il s'appelle Cédric.

2 Il écoutent ses parents. Ses parents lui donnent de bons conseils.

3 Je vais acheter le portable. J'ai vu le portable hier.

4 On voudrait visiter le château. Tu nous as recommandé le château.

5 Je n'ai pas entendu la chanson. La chanson est numéro un en ce moment.

6 Nous avons loué un gîte. Le gîte avait une piscine.

7 Est-ce que tu veux voir le film? On passe le film au cinéma cette semaine.

8 Il joue souvent au foot. Le foot est son sport préféré.

9 Que penses-tu du livre? Nous étudions le livre au lycée.

10 Elle espère mettre un tee-shirt. Elle n'a pas encore porté le tee-shirt.

3 Rewrite the sentences, replacing the words underlined with the appropriate pronouns. Make the past participle agree when necessary.

1 Cette année, nous avons passé nos vacances en Corse.

2 J'y suis allé avec mes copains.

3 J'ai souvent téléphoné à mes parents.

4 Comme nous faisions du camping, nous avons cuisiné nos repas.

5 Je n'ai pas fait la vaisselle.

6 Ce sont mes copains qui ont fait la vaisselle.

7 Nous avons beaucoup aimé les Corses, ils sont si accueillants.

8 Un soir, des Corses a invité mes copains et moi chez eux.

9 Nous avons parlé aux enfants en français.

10 À mon retour, j'ai envoyé une carte de remerciements à notre hôtesse.

4 Complete the sentences using the words in brackets. Decide whether an adjective or an adverb is required. Remember to make adjectives agree with the noun or pronoun they qualify.

1 Malheureusement, je ne trouve pas les sciences _____ (facile)

2 Je te remercie. C'était très _____ de ta part. (gentil)

3 Elle achète des vêtements de marque mais ils coûtent _____. (cher)

4 Il travaille beaucoup plus _____ que toi. (vite)

5 Nous espérons que nous aurons de _____ résultats. (bon)

6 C'est _____ ce que je cherche. (exact)

7 Maintenant il voit les choses _____. (différent)

8 Non, je refuse, c'est beaucoup trop _____. (dangereux)

9 On y a _____ réfléchi. (long)

10 Tu devrais t'entraîner plus _____. (régulier)

5 Translate into French.

1 They (*m.*) were working when she arrived.

2 We have been waiting for an hour.

3 My mother and I will go with him.

4 He saw her but he did not speak to her.

5 I am no longer going to eat meat.

6 This naughty girl has broken her computer.

7 She looked at this skirt but she bought that one.

8 After going to university we (*nous, f.*) will look for a job.

9 This problem is worse than that one.

10 He used to play football but now he prefers to watch.

A2 January

1 Fill in the gaps with the present participles, with or without *en*, of verbs from the box.

1 Elle est tombée _____ au lycée.

2 On a appris la nouvelle _____ les informations.

3 _____ qu'elles avaient tort, elles ont changé d'avis.

4 Nous voulons un prof _____ le sens de l'humour.

5 _____ du jogging, nous écoutons de la musique.

6 Ne _____ pas le problème, il n'a rien dit.

7 J'étais stressé _____ du collège.

8 On cherche un club _____ des réductions aux étudiants.

9 _____ perdre deux kilos, elle a arrêté de grignoter.

10 _____ pour le marathon, je me suis remis en forme.

> avoir   savoir   écouter   faire   comprendre
> rentrer   vouloir   aller   s'entraîner   offrir

2a Circle the phrase that the pronoun *y* replaces in each sentence.

1 J'y joue au foot.
(a) au stade (b) à pied (c) le samedi

2 Je m'y intéresse.
(a) la mode (b) mes amis (c) au sport

3 On y a passé une heure.
(a) le cinéma (b) avec lui (c) au restaurant

4 Je ne peux pas y arriver plus tôt.
(a) chez toi (b) en train (c) dans l'après-midi

5 On n'y joue plus.
(a) du piano (b) au billard (c) le rugby

2b Rewrite the sentences, replacing the words underlined with the pronoun *en*.

6 Nous avons mangé des fruits.

7 Ils ont vraiment besoin de conseils.

8 Es-tu revenu de Paris hier?

9 Ils ont bu trop d'alcool.

10 Je veux une réponse maintenant.

3 Match the questions to their answers.

1 Ont-elles répondu à sa question? ☐

2 Avez-vous vu votre ami? ☐

3 Ont-ils acheté de nouveaux vêtements? ☐

4 Voulez-vous faire des courses? ☐

5 Avez-vous vu un film? ☐

6 T'a-t-il donné sa réponse? ☐

7 Ont-ils acheté les CD? ☐

8 Vous donne-t-on trop de conseils? ☐

9 Veux-tu faire ces exercices? ☐

10 Ont-elles répondu à leur prof? ☐

A Oui, il me l'a donnée.

B Oui, nous en avons vu un.

C Non, ils n'en ont pas acheté.

D Oui, on nous en donne trop.

E Oui, elles y ont répondu.

F Non, je ne veux pas en faire.

G Non, on ne l'a pas vu.

H Non, elles ne lui ont pas répondu.

I Oui, ils les ont achetés.

J Non, je ne veux pas les faire.

5 Answer the questions, replacing the words underlined with the appropriate object pronouns. Make the past participle agree when necessary, and think carefully about word order.

1 Va-t-elle envoyer un e-mail à son prof? Oui, …

2 Allez-vous (*pl.*) cacher la vérité à vos parents? Non, …

3 As-tu laissé tes amis en ville? Oui, …

4 Ont-elles expliqué la situation à leurs copains? Oui, …

5 T'es-tu fait beaucoup d'amis à l'université? Non, …

6 A-t-elle demandé un régime à son docteur? Oui, …

7 Dois-je mettre un uniforme pour aller au lycée? Oui, …

8 Vous (*pl.*) a-t-il conseillé cette solution? Oui, …

9 Peux-tu me prêter l'argent? Non, …

10 T'a-t-il donné ton cadeau? Non, …

1 Complete the advert with the imperative *vous-*forms of the verbs in brackets.

(1) _____ (*découvrir*) la méthode Pilates!

(2) _____ (*retrouver*) la forme dans une ambiance non-compétitive.

(3) _____ (*corriger*) votre posture.

(4) _____ (*tonifier*) vos muscles.

(5) _____ (*raffiner*) votre musculature.

(6) _____ (*faire*) travailler tout votre corps. (7) _____ (*relâcher*) les muscles trop tendus. (8) _____ (*s'assouplir*) en douceur. (9) _____ (*réduire*) votre stress quotidien.

(10) _____ (*se débarrasser*) des douleurs musculaires.

2a Change the verbs to the imperative *nous-*form.

il faut courir régulièrement.
Courons régulièrement.

Avant un marathon …

1 il faut conserver une alimentation variée.
2 il ne faut pas faire d'excès.
3 il faut boire beaucoup d'eau.
4 il faut prévoir des féculents et des légumes verts.
5 il ne faut pas oublier de manger des laitages.

2b Rewrite the sentences in the conditional tense in the *je-*form.

Mange des légumes.
Si j'étais végétalien je mangerais des légumes.

Si j'étais végétalien …

6 Cuisine à l'huile plutôt qu'au beurre.
7 Ne consomme ni viande, ni poisson.
8 Ne mange plus d'œufs.
9 N'achète pas de chaussures en cuir.
10 Essaye le lait de soja.

3 Complete each sentence with a verb in the imperfect and one in the conditional.

1 Si je _____ (*not to be*) claustrophobe, je _____ (*to be able*) faire de la spéléologie.

2 Si tu _____ (*not to have*) peur du vide, tu _____ (*to try*) l'ULM.

3 S'ils _____ (*to know*) faire de la moto, ils _____ (*to like*) faire du motocross.

4 Si mon copain _____ (*not to be*) malade, nous _____ (*to participate*) au Rallye Paris-Dakar.

5 Si on _____ (*not to have*) peur de l'eau, on _____ (*to take*) notre diplôme de plongée.

6 Si nous _____ (*to have*) assez d'argent, nous leur _____ (*to offer*) un tour en montgolfière.

7 Si elle _____ (*not to have*) le vertige, elle _____ (*to try*) l'accrobranche.

8 Si vous _____ (*not to be*) allergique aux chevaux, vous _____ (*to do*) de l'équitation.

9 Si elles _____ (*to live*) près de la mer, elles _____ (*aller*) faire du bodyboard plus souvent.

10 S'il _____ (*to do*) beau, ce _____ (*to be*) génial d'aller faire du deltaplane.

4a Rearrange the words to make sentences in the passive voice.

1 dans cette chocolats sont Les fabriqués usine
2 centaines est régime par femmes Ce des de suivi
3 marché Les sont fruits et cueillis au vendus
4 vendu sirop n' Ce pas ordonnance sans est
5 La est victime urgences aux transportée

4b Translate into French.

6 Dinner is served!
7 She is invited to the restaurant by her boyfriend.
8 Those articles are written by a specialist.
9 All those vegetables are cooked with olive oil.
10 Those medicines are sold at the chemist's.

1 Change the auxiliary verb to rewrite these sentences in the pluperfect tense.

1 Il a étudié le droit.
2 Nous n'avons pas révisé suffisamment.
3 Elle s'est orientée vers la psychologie.
4 Ils ont déjà choisi leur filière.
5 On lui a conseillé de redoubler.
6 Tu n'as jamais travaillé très dur.
7 Vous n'êtes pas allé en cours.
8 Ils ne se sont pas inscrits au concours.
9 Nous ne sommes pas retournées au lycée.
10 Elle n'a pas voulu finir son stage.

2a Put the verbs into the singular positive form, changing agreements where necessary.

Ils n'avaient pas préparé l'exposé.
Il avait préparé l'exposé.

1 Nous n'avions pas trouvé d'emploi.
2 Ils n'étaient pas allés à l'université.
3 Vous ne vous y étiez pas inscrites.
4 Elles n'avaient pas assez étudié.
5 Nous n'avions pas voulu y aller.

2b Put the verbs into the plural negative form.

Il avait séché les cours.
Ils n'avaient pas séché les cours.

6 J'avais réussi facilement.
7 Elle avait accepté d'y rester.
8 Il était rentré en France.
9 Tu t'étais préparé avec soin.
10 Elle avait fini de répondre.

3a Fill in the gaps with the pluperfect tense of the verbs in brackets.

1 Elle _____ le collège quand elle est partie en vacances. *(finir)*
2 Comme ils _____ le bac, ils n'ont pas pu aller à l'université. *(rater)*
3 Tu _____ un emploi quand tu as eu tes résultats, n'est-ce pas? *(ne pas trouver)*
4 Vous _____ espoir quand on vous a offert le poste. *(perdre)*
5 Je _____ car j'avais manqué six mois d'école. *(redoubler)*

3b Circle the correct auxiliary to complete the sentences.

6 Nous <u>avons</u> / avions déjà appris à lire quand nous sommes allés à l'école.
7 Il <u>a</u> / avait déjà terminé ses études quand je l'ai rencontré.
8 Nous <u>sommes</u> / étions allés à la réunion et nous avons voté contre la grève.
9 <u>Je suis</u> / J'étais devenue assistante sociale car je veux aider les gens.
10 On n'<u>a</u> / avait pas encore trouvé un emploi quand on a quitté l'université.

4a Complete the sentences with the tenses indicated of the verbs in brackets. Translate your sentences into English.

1 Il a promis qu'il _____ (utiliser) moins d'eau. *(conditional)*
2 Nous avons protesté que nous _____ (ne pas prendre) l'avion pour y aller. *(pluperfect)*
3 Ils ont affirmé qu'ils _____ (acheter) toujours des produits recyclés. *(imperfect)*
4 Je t'assure que je _____ (trier) régulièrement les déchets. *(present)*
5 Elles ont dit qu'elles _____ (prendre) des douches plutôt que des bains. *(imperfect)*

4b Rewrite the sentences using reported speech.

Il a dit: «Je me suis inscrit à l'université de droit.»
Il a dit qu'il s'était inscrit à l'université de droit.

6 Ils ont riposté: «Nous n'avons pas le choix.»
7 Il a pensé: «Ils ont dû rentrer plus tôt.»
8 J'ai déclaré: «Il ne prendra plus l'avion par principe.»
9 Il a expliqué: «J'ai préféré travailler que d'aller en vacances.»
10 J'ai pensé: «Je dois absolument gagner de l'argent.»

1 Complete the sentences with the present tense of the impersonal verbs in brackets.

(sembler) Il **semble** que les ours polaires soient en danger.

1 *(rester)* _____ seulement quelques centaines de baleines bleues.
2 *(y avoir)* _____ des solutions simples pour économiser l'eau.
3 *(sembler)* _____ important de réduire nos émissions de carbone.
4 Ce que *(manquer)* _____ dans ce village, c'est un puits d'eau potable.
5 *(s'agir)* _____ de réduire la pollution en ville.
6 *(valoir)* _____ mieux prendre le train que l'avion.
7 *(ne pas falloir)* _____ jeter tous tes déchets dans la même poubelle.
8 *(pleuvoir)* _____ de plus en plus souvent.
9 *(neiger)* _____ à Tahiti?
10 *(suffire)* _____ de réduire notre consommation.

2 Rewrite the sentences using *je* and the subjunctive.

Il faut se préparer pour le bac.
Il faut que je me prépare pour le bac.

1 Il faut réviser pour le bac.
2 Il est temps de s'organiser.
3 Il est essentiel d'établir un emploi du temps pour les révisions.
4 Il est urgent de relire les notes de cours.
5 Il est important d'écrire des fiches.
6 Il est impératif de refaire des exercices.
7 Il est indispensable de ne pas réviser à la dernière minute.
8 Il n'est pas obligatoire de tester ses connaissances avec un copain.
9 Il est souhaitable de prévoir des moments de détente.
10 Il est préférable de ne pas stresser le jour J.

3 Write the missing verbs in the past historic chosen from the box.

Nous (1) de partir en voyage en Nouvelle-Calédonie. Nous (2) quelques jours sur l'île des Pins où nous (3) un bungalow. Nous (4) l'île en pirogue et nous (5) également des balades en forêt à cheval. Nous (6) au rythme de l'île. Nous (7) tous les jours dans le magnifique lagon bleu. Nous (8) de superbes couchers de soleil. Nous (9) des centaines de photos de ce paradis! Ce (10) vraiment un voyage inoubliable.

> vécûmes   nous baignâmes   passâmes
> découvrîmes   fut   fîmes   vîmes
> louâmes   prîmes   décidâmes

4 Rewrite the passage, using the perfect tense of the underlined verbs.

Il (1) naquit à la Martinique. Il (2) vécut sur un bateau toute sa vie et (3) parcourut le monde sur son voilier. Il (4) écrivit des poèmes et des chansons, et il (5) réalisa des documentaires. Il (6) se passionna pour la plongée et (7) découvrit de nombreux lagons encore inconnus. Il (8) eut une vie extraordinaire. Malheureusement il (9) mourut lors d'une tempête en mer qui (10) fit chavirer son voilier.

5a Translate into English.

1 Le vol jusqu'à Tahiti dura 22 heures.
2 La compagnie aérienne perdit nos bagages.
3 Nous assistâmes à des spectacles de chants et de danses traditionnels.
4 Ils achetèrent des colliers de perles.
5 Elle apprit quelques mots de tahitien.

5b Translate into French, using the subjunctive where necessary.

6 It is unlikely that I'll go to Tahiti.
7 It is necessary to save up to buy a plane ticket for Australia.
8 It is possible that she'll come with me to New Caledonia.
9 It is compulsory to have a passport.
10 It is better that he stays in France.

A2 February

1 Rewrite the sentences, linking each pair by adding *après* at the beginning of the first sentence and changing the verb to the perfect infinitive.

1 Il a quitté l'école primaire. Il est allé au collège.

2 Ils ont passé leurs examens. Ils sont partis en vacances.

3 Nous avons reçu la convocation. Nous avons téléphoné.

4 Je suis allée au gymnase. J'ai fait une heure de gym.

5 Elle s'est inscrite à un stage. Elle y est restée un mois.

6 Vous avez eu maths. Vous avez eu un cours de chimie.

7 On a révisé le programme. On a passé l'examen.

8 J'ai fini ma dissertation. Je l'ai donnée au prof.

9 Il a été longtemps absent. Il a dû redoubler.

10 Ils sont rentrés chez eux. Ils ont fait leurs devoirs.

2 Fill in the gaps with *avoir* or *être* and the past participles in brackets, and make the past participles agree when necessary.

1 Après _____ les cours, j'ai été collée. *(séché)*

2 Après _____ sa licence, il a décidé de faire un mastère. *(passé)*

3 Après _____ un petit job, il a pu prendre des leçons de conduite. *(trouvé)*

4 Il a laissé tomber la chimie après l'_____ pendant deux ans. *(étudié)*

5 Après _____ du lycée, elles se sont détendues. *(rentré)*

6 On a enfin trouvé la solution après l'_____ _____ pendant des heures. *(cherché)*

7 Après s'_____ vers les sciences, ils ont regretté leur décision. *(orienté)*

8 Je comprends mieux mes notes après les _____ _____. *(relu)*

9 Après _____ médecins, ils ont passé un an en Inde. *(devenu)*

10 Après s'_____ pendant six mois, elle a présenté son défilé. *(préparé)*

3 Circle the correct form of the verb to complete each sentence. Translate the sentences into English.

1 Il pense que nous ne travaillons / travaillions pas assez.

2 Il est important que tu viens / viennes à la réunion.

3 Il sait que je ne peux / puisses pas le faire.

4 Il se peut que vous arrivez / arriviez trop tard.

5 Il est possible qu'il devient / devienne médecin.

6 Il croit que les programmes sont / soient trop chargés.

7 Il préfère que je choisis / choisisse une autre carrière.

8 Il est sûr que l'obésité devient / devienne un grave problème.

9 Il est évident que les étudiants ont / aient trop de vacances.

10 Il est essentiel que vous faites / fassiez d'abord un apprentissage.

4 Complete the sentences with the present subjunctive or indicative, as appropriate, of the verbs in brackets.

1 Il pense que nous ne _____ *(travailler)* pas assez.

2 Il préfère qu'ils _____ *(faire)* des études supérieures.

3 Il faut d'abord que tu _____ *(finir)* tes études.

4 Il est certain que je ne _____ *(vouloir)* pas échouer.

5 Il croit que je ne _____ *(prendre)* pas mes études au sérieux.

6 Il ne pense pas que nous _____ *(pouvoir)* y aller.

7 Il est évident que les programmes _____ *(être)* trop chargés.

8 Il se peut que vous _____ *(choisir)* une autre filière.

9 Il sait qu'elle _____ *(attendre)* ses résultats avec appréhension.

10 Il est important que nous ne _____ *(finir)* pas sans diplômes.

A2 February

1a Complete the table with words from the box.

Possessive adjectives		Possessive pronouns	
your (*vous*)	votre	yours (*vous*)	le vôtre
my	1	mine	2
your (*tu*)	3	yours (*tu*)	4
his/her	5	his/hers	6
our	7	ours	8
their	9	theirs	10

> la tienne   mon   ta   ~~votre~~   cette   leur
> le leur   ses   les siens   notre
> la nôtre   celui   le mien   ~~le vôtre~~

1b Complete the table with the correct demonstrative adjectives and pronouns.

	this/that …	the one(s)	this one/ these here
m. sing.	1 _____/cet	2	3
f. sing.	4	celle	5
m. pl.	6	7	ceux-ci
f. pl.	8	9	10

2 Fill in the gaps with the correct demonstrative adjectives *ce, cet, cette* or *ces*.

1 Mettons de l'ordre dans _____ galerie (*f.*).
2 Enlevez _____ cadre (*m.*).
3 Accrochez _____ peinture (*f.*) à la place.
4 Éclairez _____ tableaux (*m.*).
5 Placez _____ sculptures (*f.*) sur le meuble.
6 Je voudrais _____ gravure (*f.*) au milieu.
7 Le portrait de _____ artiste (*m.*) irait bien à droite.
8 Bougez _____ œuvres d'art (*f.*) vers la gauche.
9 Nettoyez _____ vase (*m.*).
10 Voila, maintenant on peut ouvrir _____ exposition (*f.*) au public.

3 Replace the underlined nouns in exercise 2 with the correct demonstrative pronouns *celui-ci, celle-ci, ceux-ci* or *celles-ci*.

4 Fill in the gaps with the correct words from the box. For the first five only, the translation is given in brackets.

1 On m'a volé _____ dans le métro. (*mine*)
2 _____ parents sont au chômage. (*His*)
3 J'ai parlé de mes problèmes et tu as parlé _____. (*about yours*)
4 Il est urgent de trouver une solution _____ problèmes. (*to these*)
5 _____ personne est sans-abri depuis trois mois. (*This*)
6 Tu achètes le journal _____ qui le vendent dans la rue.
7 _____ ont participé aux manifestations pour les sans-papiers.
8 Ils pensent souvent _____.
9 Les syndicats ont expliqué _____ revendications.
10 Nous savons que _____ finira en prison.

> leurs   ses   celles-ci   à ces   cette
> aux siennes   celui-là   le mien   des tiens   à ceux

5a Translate into English.

1 La légalisation de celui-ci va être réexaminée.
2 L'usine de notre père a fermé après la vôtre.
3 Les bénévoles de cette association sont remarquables.
4 Son gouvernement veut empêcher que des émeutes comme celles de 2005 ne se reproduisent.
5 Une partie des ministres ont pris leur décision, les autres réfléchissent encore à la leur.

5b Translate into French.

6 Hers (*m. pl.*) are homeless and live in the street with their dogs.
7 The police want to prevent demonstrations like yesterday's.
8 This man needs your (*tu*) help or mine.
9 He thought about your (*vous*) problems and mine.
10 Those (*m.*) who only thought about theirs (*m. sing.*) are selfish.

1 Match the interrogative pronouns to the extracts from the answers that best fit.

1	Qui	☐	A	facilement	
2	Que	☐	B	la pièce	
3	Où	☐	C	pour peindre	
4	Quand	☐	D	Albert Camus	
5	Comment	☐	E	un nouveau roman	
6	De quoi	☐	F	de ce tableau	
7	Laquelle	☐	G	plusieurs	
8	Auquel	☐	H	au 19ème siècle	
9	Pourquoi	☐	I	à Tahiti	
10	Combien	☐	J	à ce film	

2 Write the shortest forms of the questions that would give the words underlined as answers.

1 <u>Renoir</u> a peint ce tableau.
2 Il traite <u>de l'absurdité de la vie</u>.
3 Il a peint <u>beaucoup de</u> tableaux.
4 Gauguin a vécu <u>à Tahiti</u>.
5 Elle a été construite <u>à la fin du siècle dernier</u>.
6 Ce tableau représente <u>un vase de fleurs</u>.
7 Ils vont répéter <u>le troisième</u> acte.
8 Il a recréé le livre <u>avec une fidélité absolue</u>.
9 Il a écrit ce livre <u>pour exprimer sa haine de la guerre</u>.
10 Il s'agit <u>de la première</u> guerre mondiale.

3 Circle the correct relative pronouns to complete the sentences.

1 C'est une région <u>ce que / que</u> je connais très bien.
2 <u>Ce qui / Qui</u> est dommage, c'est qu'il y pleut beaucoup.
3 C'est une ville <u>ce qui / qui</u> a une cathédrale magnifique.
4 Les paysages sont pittoresques, <u>ce que / que</u> les touristes apprécient beaucoup.
5 Il faut déguster les produits locaux <u>ce qui / qui</u> sont très renommés.
6 Il est important de bien choisir l'itinéraire <u>ce que / que</u> vous allez faire.
7 <u>Ce que / Que</u> les touristes visitent surtout ce sont les musées folkloriques.
8 Ils ont essayé la choucroute <u>ce qu' / qu'</u> ils ont trouvée excellente.

9 <u>Ce qui / Ce qu'</u> attirent les touristes, ce sont les beaux châteaux de la Renaissance.
10 Nous avons logé dans un hôtel <u>ce qui / qui</u> est classé monument historique.

4 Fill in the gaps with the correct forms of *lequel* (preposition + *lequel*). Remember to make *lequel* agree in gender and number.

1 *(in which)* J'ai vu tous les films _____ _____ il joue.
2 *(to which)* Il ne connaît pas la pièce _____ _____ tu fais allusion.
3 *(for which)* Elle apprend la scène _____ _____ on lui a donné un rôle.
4 *(for which)* As-tu lu le livre _____ _____ il a reçu le prix Goncourt?
5 *(with which)* C'est le nouvel orchestre _____ _____ il va jouer.
6 *(in which)* La scène _____ _____ elle meurt était très émouvante.
7 *(to which)* Peux-tu me donner le titre du débat _____ _____ on va participer?
8 *(in which)* Ce sont des thèmes _____ il s'intéresse beaucoup.
9 *(for which)* Nous étudions les rôles _____ _____ nous allons auditionner.
10 *(to which)* C'est l'émission grâce _____ _____ elle est devenue célèbre.

5 Translate into French.

1 Who wrote this poem?
2 The books we are studying this year are very interesting.
3 What are you (*vous*) talking about?
4 The film you (*tu*) are talking about has won an Oscar.
5 When is she going to finish this sculpture?
6 The film in which he plays the main part will be a great success.
7 Do you (*tu*) remember the name of the town where the action takes place?
8 What do you (*tu*) think of this writer?
9 What do they need to paint this landscape?
10 She is going to introduce me to the author who wrote this book.

A2 March

1 Rewrite these perfect tense sentences in the pluperfect tense.

1 J'ai étudié la musique au Conservatoire.
2 Il a choisi d'être architecte.
3 On a attendu devant le théâtre.
4 Ils ont construit la cathédrale.
5 Nous avons pris des cours de dessin.
6 Tu n'es pas encore allé à cette exposition.
7 Je suis partie avant la fin du spectacle.
8 Vous êtes déjà partis à l'opéra.
9 Elles sont arrivées en retard.
10 Il n'est pas revenu du musée.

2 Rearrange the words to make sentences. Pay attention to which subjects and verbs need to be inverted. Translate the sentences into English.

1 avait / un autre / il / prison / crime / qu' / été / on / libéré de / l'arrêtait / pour / À peine /
2 aviez / eu / vous / témoigner / Sans doute / peur de
3 La / s'étaient / où / terroristes / cachés / les / savait / police
4 vaccin / En vain / avaient / un / contre / ce virus / cherché / ils
5 prouvé / avaient / leur / elles / Ainsi / innocence
6 « / il / devrait / On / déclaré / avoir besoin des / » / avait / pas / Restos du Cœur / ne
7 une mauvaise / ce / ils / pris / décision / Peut-être / dans / dossier / avaient
8 pour / Aussi / jeunes / décidé d' / des / activités / du / organiser / quartier / nous / avions / les
9 en mission / Pourquoi / vous / partis / Médecins du Monde? / étiez / avec
10 tourné / reportage sur / Tu / vu / le / ce / les Bobos / avait / as / réalisateur / qu'

3 Write sentences using the pluperfect tense of the verbs in brackets. You need to invert one subject and verb in each.

1 «L'attentat a fait cinq morts» / il / (annoncer).
2 Comment / on / (résoudre) ce problème?
3 Ainsi / l'épidémie / (se répandre).
4 En vain / on / (chercher) des survivants.
5 À peine / il / (sortir) de prison / qu'il recommençait à voler des voitures.
6 Aussi / elle / (accepter) de prendre un traitement à la méthadone.
7 Sans doute / elle / (se réfugier) chez des amis.
8 Peut-être / ils / (trouver) un logement pour ces SDF.
9 La police a fouillé l'endroit où / la rave party sauvage / (se dérouler).
10 Vous étiez contents du succès que / cette campagne de prévention / (connaître).

4 Rewrite these active sentences in the passive. In each case the direct object becomes the subject of the new sentence.

1 On avait organisé un concert à la mémoire de la Princesse Diana.
2 Des terroristes l'avaient kidnappée.
3 On les avait condamnés à cinq ans de prison.
4 On les avait choisis pour représenter la France aux Jeux olympiques.
5 On avait découvert une bombe à l'Élysée.
6 Les étudiants nous avaient élus.
7 On avait pris une décision très rapidement.
8 On avait lancé des campagnes de prévention contre le sida.
9 On avait créé cette association en 1999.
10 Ce tableau s'était vendu pour 200 000 euros.

5 Translate into French.

1 I had studied drama.
2 He had returned to jail.
3 We (*nous, f.*) had never been to the opera before tonight.
4 At the age of 20 you (*vous*) had already written two novels.
5 She had not yet finished her studies when she found a job.
6 'The attack killed two people', they (*m.*) had announced.
7 Why had he taken drugs?
8 In this way we (*on*) had found a solution to that problem.
9 No doubt she had been arrested by the police.
10 Perhaps they (*m.*) had taken refuge in a church.

A2 March

1a Put the verbs into the conditional perfect.

1   Il aura trouvé
2   Nous serons allés
3   Je n'aurai pas choisi
4   Vous vous serez insérés
5   Elles ne seront pas rentrées

1b Put the verbs into the future perfect.

6   Nous aurions construit
7   Ils ne se seraient pas réfugiés
8   J'aurais accepté
9   Tu serais revenue
10 Il n'aurait pas détruit

2 Circle the correct tense (future or future perfect) to complete the sentences.

1   Si le propriétaire augmente le loyer, on cherchera / aura cherché un autre appartement.
2   Nous ne savons pas si nous pourrons / aurons pu rester ici.
3   Il ira / sera allé au Resto du Cœur où il mangera un repas chaud.
4   J'espère que tu accepteras quand je t'expliquerai / t'aurai expliqué la situation.
5   Si tu veux y aller, j'y irai / serai allé avec toi.
6   Elle ira en vacances quand elle économisera / aura économisé assez d'argent.
7   Ils ne seront pas satisfaits tant qu'ils ne réussiront pas / n'auront pas réussi.
8   Si vous refusez l'offre vous serez / aurez été au chômage.
9   Lisez d'abord le contrat. On en discutera lorsque vous le lirez / l'aurez lu.
10 Je lui en parlerai quand il rentrera / sera rentré ce soir.

3 Rewrite this as an unverified report by putting the verbs into the conditional perfect.

Une révolution a éclaté au Chili. Des centaines de personnes ont été tuées. Les émeutes ont commencé en fin de soirée. L'armée est arrivée et a arrêté des dizaines de rebelles. La situation s'est rapidement aggravée et le Président a fait un discours à la télévision et a appelé la population au calme. Néanmoins les émeutes n'ont pas cessé. On a fermé tous les ports et aéroports.

4 Complete the sentences by putting the verbs in brackets into the future perfect or conditional perfect.

1   Si j'avais eu plus d'argent, je _____ (choisir) un meilleur appartement.
2   Aussitôt qu'elle _____ (rentrer), elle se mettra au travail.
3   Lorsque vous _____ (préparer) les repas, on les servira.
4   Je l'achèterai dès que je _____ (économiser) assez d'argent.
5   S'il avait fait un apprentissage, il _____ (pouvoir) trouver un emploi.
6   Dès que tu _____ (remplir) ta demande, je la porterai au bureau.
7   Si on avait construit un hôpital, on _____ (guérir) plus de gens.
8   La police _____ (ne pas arrêter) les coupables si elle était arrivée plus tard.
9   Quand ils _____ (s'installer), nous irons les voir.
10 Si nous n'avions pas regardé les informations, nous _____ (ne pas apprendre) la nouvelle.

5 Translate into French.

1   If you (tu) had waited you would have heard the news.
2   What would they (m.) have done if I had failed?
3   They (m.) will have drinking water when they have built the well.
4   If the police had not arrived there would have been a riot.
5   She will look for a job when she has finished her apprenticeship.
6   He will have learnt French when he comes to France.
7   They (m.) would not have emigrated if conditions had been better in their country.
8   If she had been happier she would not have run away.
9   As soon as they (f.) have finished they will close the doors.
10 I will move when I have saved enough money.

A2 April

1 **Rewrite the sentences using the subjects provided in brackets. Replace the impersonal expressions + infinitive with the same expressions followed by que and the present subjunctive.**

1 Il faut passer une loi contre les sports barbares. *(le gouvernement)*

2 Il est essentiel de trouver un remède. *(les chercheurs)*

3 Il est urgent de prendre une décision. *(vous)*

4 Il est important de respecter le code vestimentaire. *(tu)*

5 Il faut tuer les animaux humainement. *(les abattoirs)*

6 Il est dommage de refuser une telle proposition. *(elle)*

7 Il est possible de changer de religion. *(nous)*

8 Il vaut mieux faire une manifestation. *(vous)*

9 Il faut savoir la vérité. *(tu)*

10 Il est nécessaire d'étudier attentivement le projet. *(nous)*

2 **Change the verbs from the present subjunctive to the perfect subjunctive.**

1 Il vaut mieux qu'il mange avant d'y aller.

2 Je suis déçu que tu ailles à la corrida.

3 Il est désolé qu'on rate le feu d'artifice.

4 Il est important que nous fassions les préparatifs.

5 Il se peut que vous invitiez trop de monde.

6 Il ne pense pas que le spectacle finisse à l'heure.

7 Il est possible que nous oubliions la date.

8 Je suis contente que vous organisiez un bal masqué.

9 Il n'est pas sûr qu'elle accepte l'invitation.

10 Il est dommage qu'ils ne viennent pas.

3 **Fill in the gaps with the subjunctive present or perfect, as appropriate, of the verbs in brackets.**

1 Mes parents m'ont prêté de l'argent pour que je _____ *(faire)* une formation.

2 Il faut agir avant qu'il ne _____ *(être)* trop tard.

3 Bien qu'elle _____ *(naître)* en France, elle n'a pas la nationalité française.

4 Quoique tu n'_____ *(avoir)* pas d'argent, tu achètes à crédit.

5 Nous lisons le journal afin que nous _____ *(savoir)* ce qui se passe dans le monde.

6 Leur peine de prison sera réduite à condition qu'ils _____ *(dire)* qui est leur dealer.

7 À moins que vous n'_____ *(avoir)* un alibi, ils vont vous arrêter.

8 De peur que tu ne _____ *(se faire)* voler ta voiture tu as installé une alarme.

9 Le couple remplit des papiers de sorte qu'ils _____ *(pouvoir)* adopter un enfant.

10 Ils ont continué la grève de la faim jusqu'à ce qu'ils _____ *(libérer)* les otages.

4 **Translate into French, choosing the tense carefully.**

1 It is a pity that they came late.

2 It is necessary that you *(vous)* invite the mayor.

3 Although she had not signed the petition she felt ill at ease.

4 We now know that animals feel pain.

5 It is possible that he is not telling the truth.

6 She is disappointed that you *(vous)* did not buy organic vegetables.

7 They hope that the problem is not too serious.

8 We fear that the epidemic is spreading.

9 I am afraid that they *(f.)* caught the virus.

10 It is important that you *(vous)* phone a vet.

A2 April

1a Rewrite the direct speech as indirect speech. Change pronouns and tenses as appropriate.

1. «Cet attentat a été revendiqué par le FLNC.»
   Le reporter a annoncé …

2. «La station spatiale internationale sera terminée en 2010.»
   Le patron de la Nasa a ajouté …

3. «Nous ferons tout ce que nous pouvons pour faire libérer les otages.»
   Le Premier ministre a promis …

4. «J'ai choisi de porter le voile.»
   Elle a précisé …

5. «Pour nous, l'euthanasie est un refus d'acharnement thérapeutique.»
   Ils ont maintenu …

1b Rewrite the questions in indirect speech. Include *si* or appropriate question words, and think carefully about which tense to use.

6. «Es-tu contre la chasse?»
   Carole m'a demandé …

7. «Que pensez-vous du clonage?»
   Nous leur avons demandé …

8. «Qu'est-ce qui t'inquiète le plus?»
   Je t'ai demandé …

9. «Combien de morts a fait cette catastrophe?»
   Il a demandé …

10. «Comment peut-on résoudre ce conflit?»
    Le reporter leur a demandé …

2 Rewrite the sentences using the present tense of the verbs in brackets. Each sentence should contain a conjugated verb followed by an infinitive.

Il a surfé sur Internet pendant des heures. *(aimer)*
Il <u>aime surfer</u> sur Internet pendant des heures.

1. Il s'est occupé des jeunes en difficultés. *(adorer)*
2. J'ai monté mon entreprise. *(compter)*
3. Tu as fait carrière dans la publicité. *(penser)*
4. Nous avons trouvé un emploi en CDD. *(espérer)*
5. Vous travaillez à la chaîne dans cette usine. *(détester)*
6. Ensemble on sortira de la crise. *(pouvoir)*
7. Nous réduirons le trou de la Sécu. *(devoir)*
8. Ils ne relâcheront pas les otages. *(vouloir)*

9. Elle ne pourra pas élever ses enfants seule. *(croire)*
10. Ils ont repris les négociations. *(falloir)*

3 Write the missing words. Choose appropriate verbs of movement followed by dependent infinitives from the box.

1. Je _____ pour cette organisation humanitaire le mois prochain.
2. Ce soir tu _____ avec tes collègues de bureau.
3. Nous _____ le tour du monde en 2015.
4. Elle _____ les secours il y a dix minutes.
5. Ils _____ plus de champagne et de chocolats.
6. L'infirmier _____ après un week-end de garde à l'hôpital.
7. Mon frère _____ dimanche dernier.
8. Vous _____ le feu d'artifice.
9. Nous _____ aux Restos du Cœur à Noël.
10. Je _____ te visite à Pâques.

> es sortie dîner   est allé voter   partirons faire
> retourneront acheter   êtes venus voir
> est partie chercher   irons aider   viendrai rendre
> retournerai travailler   rentre dormir

4 Translate into French.

1. The journalists claim that the war is over (finished).
2. They (*m.*) asked me if I was worried about (for) my future.
3. He announced that it was important that they (*m.*) sign this peace treaty.
4. I'm (*f.*) asking you (*tu*) if you're happy that I came.
5. She is explaining that it is necessary for you to do a test.
6. I want to understand the causes of this conflict.
7. She hopes to set up a clothes shop.
8. I'm playing you (making you listen to) a CD.
9. We (*nous*) let them discuss the situation.
10. Go and get some help!

A2 April

Au pif

1a Put these sentences into the plural.

1. Le cheval blanc est le plus beau.
2. Celui-ci est le personnage principal de votre livre.
3. Il est amoureux de cette jeune fille anglaise.
4. C'est le vieux bijou de ma grand-mère.
5. Où est le livre qui était sur cette étagère-là?

1b Put these sentences into the singular.

6. Mes jolis pulls noirs ont rétréci.
7. Lesquelles sont les plus jolies?
8. Ces oiseaux avaient de belles couleurs.
9. Les jeux de tes enfants sont rangés dans leurs placards.
10. Ce sont les nouveaux acteurs qui joueront dans mes films.

2 Complete the sentences with the correct adjectives or adverbs from the box. Remember that adjectives agree in gender and number.

1. Ses petites sœurs sont _____.
2. Elle parle très _____ français et espagnol.
3. Ils sont _____ que moi en maths.
4. Il a pris une très _____ décision, il va le regretter.
5. J'aimerais que tu me parles plus _____!
6. Salomé ne court pas très _____.
7. Gaël s'est acheté une moto très _____.
8. Ils ont très _____ dormi cette nuit à cause de l'orage.
9. On travaille _____ en groupe.
10. La glace au chocolat de ce restaurant est très _____.

> mieux   vite   bien   mal   meilleur   gentil
> méchant   gentiment   rapide   bon
> mauvais   méchamment

3 Fill in the gaps with the correct tense of the verbs in brackets. Underline the clues that told you which tense to use.

1. Le week-end dernier je _____ (aller) réviser à la bibliothèque.
2. En ce moment je _____ (faire) des exercices de grammaire.
3. L'été prochain tu _____ (travailler) sur un chantier humanitaire.
4. Hier Lydiane _____ (regarder) un film à la télé qu'elle _____ (déjà voir) au cinéma.
5. Je _____ à ma sœur (pas téléphoner) depuis un mois.
6. Quand nous habitions en Suisse, nous _____ (parler) français à l'école.
7. Je _____ (prendre) une douche quand soudain il y _____ (avoir) une coupure d'eau.
8. Si on avait 18 ans, on _____ (pouvoir) passer notre permis de conduire.
9. Ça fait six ans que vous _____ (apprendre) le français.
10. Laura et Isabelle _____ (jouer) au tennis depuis qu'elles habitent ici.

4 Make these sentences negative using the adverbs in brackets.

1. Elle parle français. (pas)
2. Ils ont dormi. (pas assez)
3. Vous économisez. (plus)
4. J'ai un frère et une sœur. (ni, ni)
5. On a des amis au lycée. (aucun)
6. Tu as toujours voulu être vétérinaire. (jamais)
7. J'ai vu quelqu'un dans la rue. (personne)
8. On les a trouvés quelque part. (nulle part)
9. Anne a beaucoup d'amis. (aucun)
10. Nous avons tout mangé. (rien)

5 Replace the underlined phrases with the correct pronouns.

1. Mes parents sont partis en vacances.
2. Marianne a fini ses devoirs.
3. On va faire la vaisselle ce soir c'est promis!
4. J'ai téléphoné à ma copine.
5. Nous avons offert un cadeau d'anniversaire à Olivier.
6. Passe-moi les clés de la voiture.
7. Elle veut faire du sport tous les week-ends.
8. Vous allez à un concert ce soir.
9. Tu as payé pour ta place de ciné mais tu n'as pas payé pour ma place de ciné.
10. Alice a essayé ces chaussures-ci mais elle a acheté ces chaussures-là.

Au pif

1 Fill in the gaps with *à, de* or no preposition (X).

1 On a refusé ____ le faire.

2 Nous avons réussi ____ finir notre exposé.

3 Elle n'ose pas lui ____ demander.

4 Mes amis ne savent pas encore ____ conduire.

5 Il espère ____ aller à l'université l'année prochaine.

6 Elle m'a aidé ____ trouver un emploi.

7 Ils vont encore oublier ____ voter.

8 Il ne faut pas hésiter ____ lui dire la vérité.

9 Le proviseur a menacé ____ la renvoyer.

10 On aimerait mieux ____ avoir plus de liberté.

2 Put all possible elements of the sentences into the negative.

1 On a appris quelque chose.

2 Elle connaît quelqu'un au collège.

3 Il y a encore beaucoup de fautes.

4 Quelqu'un l'a aidé.

5 Elles veulent aller quelque part.

6 On prend des cours.

7 Quelque chose d'insolite est arrivé.

8 Tous les cours sont intéressants.

9 On va à l'école le mercredi et le samedi.

10 Il veut toujours faire quelque chose.

3a Replace the words underlined with the correct direct or indirect object pronouns (including *y* or *en*). Make the past participle agree when necessary.

1 Il faut que tu fasses ta demande immédiatement.

2 Il va parler de ses problèmes à ses parents.

3 Ils ont bu trop d'alcool à la boum.

4 Elle a envoyé les invitations à ses amis.

5 On préfère aller chez Tom que de sortir avec les filles.

3b Circle the correct relative pronouns to complete the sentences.

6 Je vais faire le stage qui / que / lequel tu m'as recommandé.

7 C'est un auteur duquel / que / dont j'ai apprécié le style.

8 Les étudiants que / qui / lesquels travaillent réussissent.

9 Nous n'avons pas compris ce qui / ce que / ce dont tu nous as expliqué.

10 C'est une question dont / à laquelle / à qui il faut réfléchir.

4 Complete the sentences with the correct tense (present, imperfect or pluperfect) of the verbs in brackets.

1 Si tu ne _____ pas, tu échoueras. *(réviser)*

2 Si on _____, on aurait pu l'acheter. *(travailler)*

3 Si elle _____ plus jeune, elle le ferait. *(être)*

4 Si je _____ mon bac, je serais allé à l'université. *(réussir)*

5 Si vous _____ un emploi vous auriez pu payer vos dettes. *(trouver)*

6 Si tu _____ mieux, tu serais en meilleure santé. *(manger)*

7 Si elle ne _____ pas _____, ses parents l'auraient mariée. *(s'enfuir)*

8 Si nous _____ plus d'argent, nous vivrions mieux. *(gagner)*

9 S'ils _____, elle sera furieuse. *(refuser)*

10 Si vous _____ y aller, j'irai avec vous. *(vouloir)*

5 Translate into French. Remember to make the adjectives agree when necessary.

1 Our course is interesting but rather difficult.

2 Pollution is a more serious problem than 10 years ago.

3 I'll choose the fastest motorbike in the shop.

4 Organic vegetables are more expensive but they are healthier.

5 My old friend (m.) wrote a famous novel.

6 Your (tu) new clothes are very smart.

7 We (nous) have bought a new house but it is quite small.

8 I prefer French wines because they are the best.

9 She is not as gifted as her sister but she is harder-working.

10 He wants a long and happy career.

A2 April

Infinitif	Pronom	Présent	Passé composé	Imparfait	Futur	Conditionnel	Passé simple	Subjonctif
regarder *to watch* regular -**er**	je	regarde	ai regardé	regardais	regarderai	regarderais	regardai	regarde
	tu	regardes	as regardé	regardais	regarderas	regarderais	regardas	regardes
	il	regarde	a regardé	regardait	regardera	regarderait	regarda	regarde
	nous	regardons	avons regardé	regardions	regarderons	regarderions	regardâmes	regardions
	vous	regardez	avez regardé	regardiez	regarderez	regarderiez	regardâtes	regardiez
	ils	regardent	ont regardé	regardaient	regarderont	regarderaient	regardèrent	regardent
finir *to finish* regular -**ir**	je	finis	ai fini	finissais	finirai	finirais	finis	finisse
	tu	finis	as fini	finissais	finiras	finirais	finis	finisses
	il	finit	a fini	finissait	finira	finirait	finit	finisse
	nous	finissons	avons fini	finissions	finirons	finirions	finîmes	finissions
	vous	finissez	avez fini	finissiez	finirez	finiriez	finîtes	finissiez
	ils	finissent	ont fini	finissaient	finiront	finiraient	finirent	finissent
vendre *to sell* regular -**re**	je	vends	ai vendu	vendais	vendrai	vendrais	vendis	vende
	tu	vends	as vendu	vendais	vendras	vendrais	vendis	vendes
	il	vend	a vendu	vendait	vendra	vendrait	vendit	vende
	nous	vendons	avons vendu	vendions	vendrons	vendrions	vendîmes	vendions
	vous	vendez	avez vendu	vendiez	vendrez	vendriez	vendîtes	vendiez
	ils	vendent	ont vendu	vendaient	vendront	vendraient	vendirent	vendent
se préparer *to get ready* regular reflexive	je	me prépare	me suis préparé	me préparais	me préparerai	me préparerais	me préparai	me prépare
	tu	te prépares	t'es préparé	te préparais	te prépareras	te préparerais	te préparas	te prépares
	il	se prépare	s'est préparé	se préparait	se préparera	se préparerait	se prépara	se prépare
	nous	nous préparons	nous sommes préparés	nous préparions	nous préparerons	nous préparerions	nous préparâmes	nous préparions
	vous	vous préparez	vous êtes préparés	vous prépariez	vous préparerez	vous prépareriez	vous préparâtes	vous prépariez
	ils	se préparent	se sont préparés	se préparaient	se prépareront	se prépareraient	se préparèrent	se préparent

Verbs based on other irregular verbs follow the same pattern, e.g. *devenir* and *revenir* follow the same pattern as *venir*. Other verbs share similarities, e.g.:

- *apercevoir* (to notice) follows the pattern of *recevoir*.
- *battre* (to hit) and compounds such as *combattre* (to combat) follow the pattern of *mettre*, except past participle: *battu* and past historic: *je battis*.
- *connaître* (to know) follows the pattern of *naître*, except past participle: *connu* and past historic: *je connus*.

- *dormir* (to sleep) and *sortir* (to go out) follow the pattern of *partir*.
- *plaindre* (to complain) follows the pattern of *craindre*.
- *tenir* (to hold) follows the pattern of *venir*, except that it takes the auxiliary *avoir*.
- *souffrir* (to suffer) follows the pattern of *offrir*.

Infinitif	Pronom	Présent	Passé composé	Imparfait	Futur	Conditionnel	Passé simple	Subjonctif
acquérir *to acquire*	je	acquiers	ai acquis	acquérais	acquerrai	acquerrais	acquis	acquière
	tu	acquiers	as acquis	acquérais	acquerras	acquerrais	acquis	acquières
	il	acquiert	a acquis	acquérait	acquerra	acquerrait	acquit	acquière
	nous	acquérons	avons acquis	acquérions	acquerrons	acquerrions	acquîmes	acquérions
	vous	acquérez	avez acquis	acquériez	acquerrez	acquerriez	acquîtes	acquériez
	ils	acquièrent	ont acquis	acquéraient	acquerront	acquerraient	acquirent	acquièrent

Infinitif	Pronom	Présent	Passé composé	Imparfait	Futur	Conditionnel	Passé simple	Subjonctif
aller *to go*	je	vais	suis allé	allais	irai	irais	allai	aille
	tu	vas	es allé	allais	iras	irais	allas	ailles
	il	va	est allé	allait	ira	irait	alla	aille
	nous	allons	sommes allés	allions	irons	irions	allâmes	allions
	vous	allez	êtes allés	alliez	irez	iriez	allâtes	alliez
	ils	vont	sont allés	allaient	iront	iraient	allèrent	aillent
avoir *to have*	je	ai	ai eu	avais	aurai	aurais	eus	aie
	tu	as	as eu	avais	auras	aurais	eus	aies
	il	a	a eu	avait	aura	aurait	eut	ait
	nous	avons	avons eu	avions	aurons	aurions	eûmes	ayons
	vous	avez	avez eu	aviez	aurez	auriez	eûtes	ayez
	ils	ont	ont eu	avaient	auront	auraient	eurent	aient
boire *drink*	je	bois	ai bu	buvais	boirai	boirais	bus	boive
	tu	bois	as bu	buvais	boiras	boirais	bus	boives
	il	boit	a bu	buvait	boira	boirait	but	boive
	nous	buvons	avons bu	buvions	boirons	boirions	bûmes	buvions
	vous	buvez	avez bu	buviez	boirez	boiriez	bûtes	buviez
	ils	boivent	ont bu	buvaient	boiront	boiraient	burent	boivent
courir *to run*	je	cours	ai couru	courais	courrai	courrais	courus	coure
	tu	cours	as couru	courais	courras	courrrais	courus	coures
	il	court	a couru	courait	courra	courrait	courut	coure
	nous	courons	avons couru	courions	courrons	courrions	courûmes	courions
	vous	courez	avez couru	couriez	courrez	courriez	courûtes	couriez
	ils	courent	ont couru	couraient	courront	courrraient	coururent	courent
craindre *to fear*	je	crains	ai craint	craignais	craindrai	craindrais	craignis	craigne
	tu	crains	as craint	craignais	craindras	craindrais	craignis	craignes
	il	craint	a craint	craignait	craindra	craindrait	craignit	craigne
	nous	craignons	avons craint	craignions	craindrons	craindrions	craignîmes	craignions
	vous	craignez	avez craint	craigniez	craindrez	craindriez	craignîtes	craigniez
	ils	craignent	ont craint	craignaient	craindront	craindraient	craignirent	craignent
croire *to believe*	je	crois	ai cru	croyais	croirai	croirais	crus	croie
	tu	crois	as cru	croyais	croiras	croirais	crus	croies
	il	croit	a cru	croyait	croira	croirait	crut	croie
	nous	croyons	avons cru	croyions	croirons	croirions	crûmes	croyions
	vous	croyez	avez cru	croyiez	croirez	croiriez	crûtes	croyiez
	ils	croient	ont cru	croyaient	croiront	croiraient	crurent	croient
devoir *must/to have to*	je	dois	ai dû	devais	devrai	devrais	dus	doive
	tu	dois	as dû	devais	devras	devrais	dus	doives
	il	doit	a dû	devait	devra	devrait	dut	doive
	nous	devons	avons dû	devions	devrons	devrions	dûmes	devions
	vous	devez	avez dû	deviez	devrez	devriez	dûtes	deviez
	ils	doivent	ont dû	devaient	devront	devraient	durent	doivent

Infinitif	Pronom	Présent	Passé composé	Imparfait	Futur	Conditionnel	Passé simple	Subjonctif
dire *to say*	je	dis	ai dit	disais	dirai	dirais	dis	dise
	tu	dis	as dit	disais	diras	dirais	dis	dises
	il	dit	a dit	disait	dira	dirait	dit	dise
	nous	disons	avons dit	disions	dirons	dirions	dîmes	disions
	vous	dites	avez dit	disiez	direz	diriez	dîtes	disiez
	ils	disent	ont dit	disaient	diront	diraient	dirent	disent
écrire *to write*	je	écris	ai écrit	écrivais	écrirai	écrirais	écrivis	écrive
	tu	écris	as écrit	écrivais	écriras	écrirais	écrivis	écrives
	il	écrit	a écrit	écrivait	écrira	écrirait	écrivit	écrive
	nous	écrivons	avons écrit	écrivions	écrirons	écririons	écrivîmes	écrivions
	vous	écrivez	avez écrit	écriviez	écrirez	écririez	écrivîtes	écriviez
	ils	écrivent	ont écrit	écrivaient	écriront	écriraient	écrivirent	écrivent
être *to be*	je	suis	ai été	étais	serai	serais	fus	sois
	tu	es	as été	étais	seras	serais	fus	sois
	il	est	a été	était	sera	serait	fut	soit
	nous	sommes	avons été	étions	serons	serions	fûmes	soyons
	vous	êtes	avez été	étiez	serez	seriez	fûtes	soyez
	ils	sont	ont été	étaient	seront	seraient	furent	soient
faire *to do/make*	je	fais	ai fait	faisais	ferai	ferais	fis	fasse
	tu	fais	as fait	faisais	feras	ferais	fis	fasses
	il	fait	a fait	faisait	fera	ferait	fit	fasse
	nous	faisons	avons fait	faisions	ferons	ferions	fîmes	fassions
	vous	faites	avez fait	faisiez	ferez	feriez	fîtes	fassiez
	ils	font	ont fait	faisaient	feront	feraient	firent	fassent
falloir *to be necessary*	il	faut	a fallu	fallait	faudra	faudrait	fallut	faille
mettre *to put*	je	mets	ai mis	mettais	mettrai	mettrais	mis	mette
	tu	mets	as mis	mettais	mettras	mettrais	mis	mettes
	il	met	a mis	mettait	mettra	mettrait	mit	mette
	nous	mettons	avons mis	mettions	mettrons	mettrions	mîmes	mettions
	vous	mettez	avez mis	mettiez	mettrez	mettriez	mîtes	mettiez
	ils	mettent	ont mis	mettaient	mettront	mettraient	mirent	mettent
mourir *to die*	je	meurs	suis mort	mourais	mourrai	mourrais	mourus	meure
	tu	meurs	es mort	mourais	mourras	mourrais	mourus	meures
	il	meurt	est mort	mourait	mourra	mourrait	mourut	meure
	nous	mourons	sommes morts	mourions	mourrons	mourrions	mourûmes	mourions
	vous	mourez	êtes morts	mouriez	mourrez	mourriez	mourûtes	mouriez
	ils	meurent	sont morts	mouraient	mourront	mourraient	moururent	meurent
naître *to be born*	je	nais	suis né	naissais	naîtrai	naîtrais	naquis	naisse
	tu	nais	es né	naissais	naîtras	naîtrais	naquis	naisses
	il	naît	est né	naissait	naîtra	naîtrait	naquit	naisse
	nous	naissons	sommes nés	naissions	naîtrons	naîtrions	naquîmes	naissions
	vous	naissez	êtes nés	naissiez	naîtrez	naîtriez	naquîtes	naissiez
	ils	naissent	sont nés	naissaient	naîtront	naîtraient	naquirent	naissent

Infinitif	Pronom	Présent	Passé composé	Imparfait	Futur	Conditionnel	Passé simple	Subjonctif
offrir *to offer*	je	offre	ai offert	offrais	offrirai	offrirais	offris	offre
	tu	offres	as offert	offrais	offriras	offrirais	offris	offres
	il	offre	a offert	offrait	offrira	offrirait	offrit	offre
	nous	offrons	avons offert	offrions	offrirons	offririons	offrîmes	offrions
	vous	offrez	avez offert	offriez	offrirez	offririez	offrîtes	offriez
	ils	offrent	ont offert	offraient	offriront	offriraient	offrirent	offrent
partir *to leave*	je	pars	suis parti	partais	partirai	partirais	partis	parte
	tu	pars	es parti	partais	partiras	partirais	partis	partes
	il	part	est parti	partait	partira	partirait	partit	parte
	nous	partons	sommes partis	partions	partirons	partirions	partîmes	partions
	vous	partez	êtes partis	partiez	partirez	partiriez	partîtes	partiez
	ils	partent	sont partis	partaient	partiront	partiraient	partirent	partent
plaire *to please*	je	plais	ai plu	plaisais	plairai	plairais	plus	plaise
	tu	plais	as plu	plaisais	plairas	plairais	plus	plaises
	il	plaît	a plu	plaisait	plaira	plairait	plut	plaise
	nous	plaisons	avons plu	plaisions	plairons	plairions	plûmes	plaisions
	vous	plaisez	avez plu	plaisiez	plairez	plairiez	plûtes	plaisiez
	ils	plaisent	ont plu	plaisaient	plairont	plairaient	plurent	plaisent
pleuvoir *to rain*	il	pleut	a plu	pleuvait	pleuvra	pleuvrait	plut	pleuve
pouvoir *can/to be able to*	je	peux	ai pu	pouvais	pourrai	pourrais	pus	puisse
	tu	peux	as pu	pouvais	pourras	pourrais	pus	puisses
	il	peut	a pu	pouvait	pourra	pourrait	put	puisse
	nous	pouvons	avons pu	pouvions	pourrons	pourrions	pûmes	puissions
	vous	pouvez	avez pu	pouviez	pourrez	pourriez	pûtes	puissiez
	ils	peuvent	ont pu	pouvaient	pourront	pourraient	purent	puissent
prendre *to take*	je	prends	ai pris	prenais	prendrai	prendrais	pris	prenne
	tu	prends	as pris	prenais	prendras	prendrais	pris	prennes
	il	prend	a pris	prenait	prendra	prendrait	prit	prenne
	nous	prenons	avons pris	prenions	prendrons	prendrions	prîmes	prenions
	vous	prenez	avez pris	preniez	prendrez	prendriez	prîtes	preniez
	ils	prennent	ont pris	prenaient	prendront	prendraient	prirent	prennent
recevoir *to receive*	je	reçois	ai reçu	recevais	recevrai	recevrais	reçus	reçoive
	tu	reçois	as reçu	recevais	recevras	recevrais	reçus	reçoives
	il	reçoit	a reçu	recevait	recevra	recevrait	reçut	reçoive
	nous	recevons	avons reçu	recevions	recevrons	recevrions	reçûmes	recevions
	vous	recevez	avez reçu	receviez	recevrez	recevriez	reçûtes	receviez
	ils	reçoivent	ont reçu	recevaient	recevront	recevraient	reçurent	reçoivent
rire *to laugh*	je	ris	ai ri	riais	rirai	rirais	ris	rie
	tu	ris	as ri	riais	riras	rirais	ris	ries
	il	rit	a ri	riait	rira	rirait	rit	rie
	nous	rions	avons ri	riions	rirons	ririons	rîmes	riions
	vous	riez	avez ri	riiez	rirez	ririez	rîtes	riiez
	ils	rient	ont ri	riaient	riront	riraient	rirent	rient

Tableaux de conjugaison

2 4 NOV 2023 S

Infinitif	Pronom	Présent	Passé composé	Imparfait	Futur	Conditionnel	Passé simple	Subjonctif
savoir *to know*	je	sais	ai su	savais	saurai	saurais	sus	sache
	tu	sais	as su	savais	sauras	saurais	sus	saches
	il	sait	a su	savait	saura	saurait	sut	sache
	nous	savons	avons su	savions	saurons	saurions	sûmes	sachions
	vous	savez	avez su	saviez	saurez	sauriez	sûtes	sachiez
	ils	savent	ont su	savaient	sauront	sauraient	surent	sachent
suivre *to follow*	je	suis	ai suivi	suivais	suivrai	suivrais	suivis	suive
	tu	suis	as suivi	suivais	suivras	suivrais	suivis	suives
	il	suit	a suivi	suivait	suivra	suivrait	suivit	suive
	nous	suivons	avons suivi	suivions	suivrons	suivrions	suivîmes	suivions
	vous	suivez	avez suivi	suiviez	suivrez	suivriez	suivîtes	suiviez
	ils	suivent	ont suivi	suivaient	suivront	suivraient	suivirent	suivent
vaincre *to overcome/beat*	je	vaincs	ai vaincu	vainquais	vaincrai	vaincrais	vainquis	vainque
	tu	vaincs	as vaincu	vainquais	vaincras	vaincrais	vainquis	vainques
	il	vainc	a vaincu	vainquait	vaincra	vaincrait	vainquit	vainque
	nous	vainquons	avons vaincu	vainquions	vaincrons	vaincrions	vainquîmes	vainquions
	vous	vainquez	avez vaincu	vainquiez	vaincrez	vaincriez	vainquîtes	vainquiez
	ils	vainquent	ont vaincu	vainquaient	vaincront	vaincraient	vainquirent	vainquent
venir *to come*	je	viens	suis venu	venais	viendrai	viendrais	vins	vienne
	tu	viens	es venu	venais	viendras	viendrais	vins	viennes
	il	vient	est venu	venait	viendra	viendrait	vint	vienne
	nous	venons	sommes venus	venions	viendrons	viendrions	vînmes	venions
	vous	venez	êtes venus	veniez	viendrez	viendriez	vîntes	veniez
	ils	viennent	sont venus	venaient	viendront	viendraient	vinrent	viennent
vivre *to live*	je	vis	ai vécu	vivais	vivrai	vivrais	vécus	vive
	tu	vis	as vécu	vivais	vivras	vivrais	vécus	vives
	il	vit	a vécu	vivait	vivra	vivrait	vécut	vive
	nous	vivons	avons vécu	vivions	vivrons	vivrions	vécûmes	vivions
	vous	vivez	avez vécu	viviez	vivrez	vivriez	vécûtes	viviez
	ils	vivent	ont vécu	vivaient	vivront	vivraient	vécurent	vivent
voir *to see*	je	vois	ai vu	voyais	verrai	verrais	vis	voie
	tu	vois	as vu	voyais	verras	verrais	vis	voies
	il	voit	a vu	voyait	verra	verrait	vit	voie
	nous	voyons	avons vu	voyions	verrons	verrions	vîmes	voyions
	vous	voyez	avez vu	voyiez	verrez	verriez	vîtes	voyiez
	ils	voient	ont vu	voyaient	verront	verraient	virent	voient
vouloir *to want*	je	veux	ai voulu	voulais	voudrai	voudrais	voulus	veuille
	tu	veux	as voulu	voulais	voudras	voudrais	voulus	veuilles
	il	veut	a voulu	voulait	voudra	voudrait	voulut	veuille
	nous	voulons	avons voulu	voulions	voudrons	voudrions	voulûmes	voulions
	vous	voulez	avez voulu	vouliez	voudrez	voudriez	voulûtes	vouliez
	ils	veulent	ont voulu	voulaient	voudront	voudraient	voulurent	veuillent